KB220371

무비 스님의
반야심경

무비 스님의

반야심경

조계종
출판사

아제아제 바라아제 바라승아제 모지사바하

책을 펴내며

『반야심경』, 불교의 심원한 철학을 짧은 글 속에 잘 표현하고 있다. 불타의 깨달음의 안목을 이렇게 극명하게 나타낸 경전은 『반야심경』만한 것이 없다. 그래서 불교의 모든 의식에서는 먼저 『반야심경』을 독송한다. 불교 의식은 『반야심경』, 즉 불타의 깨달음의 토대 위에서 진행해야 한다는 뜻이다.

『반야심경』으로 표현한 깨달음의 내용은 무엇일까? 나와 삼라만상 일체를 공으로 본다, 없는 것으로 본다는 것이다. 그래서 『반야심경』을 한마디로 말하면 "나는 없다"이다. 삼라만상이 없음을 미리 생각할 것은 아니다. 내가 없으면 바깥 경계는 저절로 없어지기 때문이다. 그래서 몸도 마음도 텅 비어 없는 것으로 보면 세상사와 인간사의 모든 문제는 자연히 풀린다고 『반야심경』은 가르치고 있다.

몸도 공이요, 마음도 공이다. 공이 몸이요, 공이 마음이다. 공에는 눈·귀·코·혀·몸·생각도 없고 그것들의 대상도 없다. 모든 것을 이렇게 보는 것이 존재의 실상을 꿰뚫어 볼 줄 아는 전문가들, 즉 깨달은 분들의 견해다. 우리들은 아직 모든 것이 있는 것으로 보며 산다. 무엇이든 있는 것으로 보이는 까닭에, 있는 것에 걸리고 장애를 받으며 고통과 어려움을 겪으며 산다. 그러나 깨달은 분들은 다르다.『반야심경』의 말씀과 같이 모든 존재를 공으로 보고 일체의 문제들을 시원스레 풀어 버린다.

이번에 조계종출판사에서 이러한 깨달음의 가르침인『반야심경』강의 개정판을 출판하여 많은 불자들이 불교공부를 하는 데 기본교재로 삼고자 한다.『반야심경』의 이치를 모르면 불교공부는 할 수가 없다. 대승불교든 선불교든 이 반야의 가르침을 이해한 뒤에라야 이야기가 되기 때문이다.『반야심경』은 모든 불교의 밑그림이기 때문이다.

책을 출판하기까지 아름다운 인연을 함께한 모든 분들의 노고에 감사한다. 그리고 많은 분들이 이『반야심경』을 읽어서 소중한 인생을 깃털처럼 가볍게, 그리고 아름답고 행복하게 사는 열쇠가 되었으면 하는 기도를 드린다.

2005년 가을 금정산 범어사 서지전에서 여천 무비

차례

제
1
장

서
론

『반야심경』의 위치

대승불교 운동

부처님의 가르침에는 소승小乘이니 대승大乘이니 하는 구분은 없습니다. 그러나 흔히 불교의 사상을 크게 소승과 대승으로 나누어 말합니다.

우선 소승이란 범어로 히나야나hīna-yāna라고 하는데, '작은 수레'라는 뜻을 갖고 있습니다. 소승이란 의미가 그렇듯이 소승불교는 출가인의 개인적인 수행만을 제일로 여겼습니다.

소승과는 대조적으로 대승이란 범어로 마하야나mahā-yāna라고 하는데, '큰 수레'라는 뜻을 지니고 있습니다. 대승불교의 궁극 목표는 부처님께서 가르치고자 하는 근본 뜻을 좇아 자기 자신은 물론 모든 중생이 다 함께 불도佛道를 이루자는 데 있습니다.

다시 말해서 자리自利와 이타利他라는 보살행菩薩行의 실천을 통해서 다 함께 성불하자는 데에 최고의 목적이 있는 것입니다.

부처님 생존 당시부터 입멸入滅 후 100년까지를 흔히 원시불교原始佛教 시대라고 말합니다. 그 후 부파불교部派佛教 시대를 맞이했는데, 그것은 계율의 해석 차이로 인해 갈라진 불교시대를 말합니다. 대승불교 운동은 부처님의 입멸 후 500년경부터 시작되었습니다.

원시불교와 부파불교 시대를 거치면서 일어난 대승불교 운동은 역사적으로나 사회적으로 볼 때 필요불가결한 것이었습니다. 대승불교 운동은 한마디로 부처님의 근본사상으로 돌아가자는 외침입니다. 부처님께서 말씀하시는 진정한 뜻을 찾는 데 있어서 이론이나 관념에만 머무는 것이 아니라 보살행의 실천을 부르짖는 것입니다.

부처님 근본정신으로 돌아가자는 것을 표방하는 대승불교 운동은 공사상空思想, 반야사상般若思想, 연기설緣起說, 중도사상中道思想, 유심사상唯心思想, 열반사상涅槃思想, 보살사상菩薩思想 등을 그 사상적 배경으로 하고 있습니다.

그 중에서 공사상은 『반야심경』을 비롯한 대승경전에 공통적으로 깔려 있는 중요한 핵심사상입니다. 공사상은 존재의 원리를 파헤친 것으로 반야사상과 연기설과는 불가분의 관계에 있습니다.

반야사상은 우주 삼라만상의 실상을 설한 공사상이 실천적으로 완성될 때 얻어지는 것입니다. 다시 말해서 반야는 공의 이치를 완전히 체득함을 말한다고 할 수 있습니다.

다음으로 연기설은 우주와 인생의 영원히 변하지 않는 존재법칙입니다. 생사윤회生死輪廻의 순환고리인 십이연기는 부처님의 직접적인 깨달음의 내용인 것입니다. 연기법은 공사상을 바탕으로 하여 우주와 인생에 대해 철저히 파헤침으로써 존재의 실상을 올바로 이해하게 하는 중요한 이론입니다.

대승불교의 사상 중에서 공사상, 반야사상, 연기설은 앞으로 공부하게 될 『반야심경』의 근간根幹이 되는 중심 내용이므로 간략히 살펴보았습니다.

오시교五時敎, 삼종三宗, 삼관三觀

부처님께서는 깨달음을 이루시고 49년 동안 각처를 다니시면서 가르침을 전하셨습니다. 그 가르침은 여러 계층의 사람들에게 설해졌기 때문에 그 양과 내용은 참으로 방대하였습니다.

그렇게 하여 남겨진 말씀들은 역사적으로 내려오면서 전문적인 학자들에 의해 이론적으로 재정립되어 오늘날 우리에게 전해진 것입니다. 다시 말해서 부처님께서 49년 간 설하신 내용을 집대성한 것이 바로 팔만대장경입니다. 팔만대장경의 내용은 시간의 흐름에 따라 다섯 단계로 분류할 수 있습니다. 그것을 오시교五時敎라고 하는데, 그 내용은 다음과 같습니다.

첫째는 화엄시華嚴時로, 성도 후 최초의 37일 간 『화엄경』을 설한 시기를 말합니다. 부처님께서는 『화엄경』에서 깨달음 전체를 설하셨지만 보통 사람들은 아무도 알아듣지 못했습니다. 그래서 다시 쉬운 차원으로 끌어내리지 않을 수 없었습니다.

둘째는 아함시阿含時로, 그 다음의 12년 간『아함경』을 설한 시기를 말합니다. 이 시기에는 주로 객관적인 물질계에 대한 가변성과 욕망의 절제 등에 대해서 설하셨습니다.

셋째는 방등시方等時로, 그 다음의 8년 간『유마경』·『금광명경』·『능가경』·『승만경』·『무량수경』등 방등부의 여러 경을 설한 시기를 말합니다. 이 시기에는 주로 연기의 법칙과 주관主觀에 대한 부정을 언급하셨습니다.

넷째는 반야시般若時로, 그 다음의 21년 동안 반야부의 여러 경을 설한 시기를 말합니다. 이 시기에는 주로 부정의 부정을 통하여 공의 세계를 밝히셨습니다.

반야부 계통의 경전은 무려 600여 부部에 해당되며, 그 중에서『반야심경』은 반야의 골수만을 간추린 경전에 속합니다. 반야시는 설법 기간도 가장 길며, 반야부의 경전들을 통하여 깨달음의 정수를 드러냈습니다.

반야부 경전은 가장 방대한 양을 차지하고 있습니다. 또 교리적인 면에서도 가장 중심에 들어 있습니다. 반야부 경전은 소승불교에서 부족했던 점을 보완하여 반야사상을 바탕으로 대승불교를 꽃피웠다는 점에서 중요한 위치를 차지하고 있습니다. 특히 반야부 경전의 중심 내용인 공사상, 반야사상은 대승불교의 밑바탕이 되기 때문에 매우 중요합니다.

다섯째는 법화열반시法華涅槃時로, 최후의 8년 간『법화경』과『열반경』을 설한 시기를 말합니다. 이 시기에는 부정의 부정을 거쳐서 대긍정의 세계를 설하셨습니다.

　이상의 다섯 가지 분류를 내용면으로 볼 때 아함시는 소승경전에 속하고, 그 나머지는 대승경전에 속합니다. 또 아함, 방등, 반야, 법화열반의 네 가지는 하나의 화엄으로 종합할 수 있습니다.

　다음으로 오시교와 연관지어 불교경전을 내용적인 면에서 다시 삼종三宗으로 분류해 볼 수 있습니다.

　부처님의 설법은 처음에는 자신이 깨달으신 전체 내용을 화엄사상으로 드러내 보였습니다. 그러나 그 차원이 너무 높아 아무도 알아듣지 못했다고 합니다. 그래서 부처님께서는 깨달음을 통한 법락法樂을 여러 사람들에게 알려 주기 위해서 여러 가지 방법을 궁리하셨습니다. 그것은 아주 낮은 단계로 끌어내려 차츰 높은 단계에 이르는 것입니다. 다시 말해서 중생의 근기根機에 맞추어 세 가지 단계로 설해졌습니다. 오늘날 우리에게 전해진 모든 경전들은 이 세 가지 삼종의 범주 안에 들게 되는 것입니다.

　첫째는, 모든 현상계를 '있다'고 하는 입장에서 보는 상相과 유有의 차원입니다. 이것은 가장 낮은 단계에 해당됩니다. 존재하는 모든 현상계를 있는 그대로 보는 것입니다.

　예를 들어 괴로움도 있고, 괴로움의 원인도 있고, 괴로움의 소멸도 있고, 괴로움을 소멸하는 방법도 있다는 것입니다. 이것은 곧 사성제四聖諦와 팔정도八正道를 말하는 것입니다. 현실적으로 분명히 있는 괴로움과 그 괴로움에 대한 원인과 해결 방법이 있다는 입장에서 사성제와 팔정도가 설해진 것입니다.

부처님께서는 20년 간을 주로 모든 현상계가 있다고 하는 유와 상의 상식에서 법을 설하셨습니다. 『아함경』은 주로 유의 입장에서 설해진 경전에 속합니다. 유의 차원은 일반적인 상식이 통하는 세계로, 많은 부분이 방편설方便說로 이루어져 있습니다.

모든 것이 있다고 하는 유의 사상은 우리의 일반적인 상식과도 잘 통하는 세계입니다. 또 있는 것을 있다고 하는 데서 출발하기 때문에 누구나 쉽게 납득할 수 있는 차원입니다. 그러나 유의 상식으로 풀어지지 않는 많은 문제가 있습니다. 그래서 다음 단계가 설해진 것입니다.

둘째는, 모든 현상계를 '없다'고 하는 입장에서 보는 공空과 무無의 차원입니다. 이것은 모든 현상을 있는 그대로 받아들일 것이 아니라 텅 비어서 아무것도 없는 것으로 보는 입장입니다.

여기서는 이 세상의 모든 존재는 있는 것이 아니라 텅 빈 것으로 보아야 한다는 공의 사상을 낳게 했습니다. 모든 현상계는 텅 빈 상태로 존재하기 때문에 그 실상을 공한 것으로 보는 지혜의 안목이 필요한 것입니다.

부처님께서는 21년 간을 주로 공의 입장에서 법을 설하셨습니다. 반야부의 많은 경전들은 모두 여기에 속하며, 앞으로 공부하게 될 『반야심경』은 바로 공이나 무의 입장에서 설해진 대표적인 경전에 속합니다.

셋째는, 모든 현상계를 존재하는 그 자체로 '진리'라고 보는 성性의 차원입니다. 이것은 진성眞性·법성法性·진여眞如 등으로 표현하기도 합니다. 성의 차원은 현상계에 존재하는 모든 것은 그대로 진리라는 입장에서 바라보는 것으로 가장 차원이 높은 견해입니다.

부처님께서는 8년 간을 성性의 입장에서 현상계를 설하셨습니다. 성의 차원에서 설해진 경전으로는 『화엄경』·『법화경』·『능엄경』·『열반경』 등이 있습니다.

성의 차원은 또 "비유비무非有非無 역유역무亦有亦無"라고 표현됩니다. 그것은 곧 '있는 것도 아니고 없는 것도 아니며, 또한 있는 것이기도 하고 없는 것이기도 하다'는 이치를 말하는 것입니다. 성의 입장은 우리가 흔히 잘 쓰는 일체유심조一切唯心造라는 말과도 잘 통합니다. 다시 말해서 모든 것은 오직 마음이 만들어낸 것이므로 그대로 진리와 연결되는 것입니다.

경전의 모든 말씀, 즉 팔만대장경은 상·공·성의 삼종으로 분류할 수 있습니다. 또 어떤 법문이든지 이 세 가지의 열쇠로 풀리지 않는 것은 없습니다.

예를 들어 '산은 산이요, 물은 물이다'라는 선사의 법문을 빌려 삼종을 설명해 볼 수 있습니다.

상의 입장에서는 그대로 '산은 산이요, 물은 물이다'가 됩니다. 그러나 공의 입장에서는 '산은 산이 아니요, 물은 물이 아니다'가 됩니다. 마지막으로 성의 입장에서는 '산은 다만 산이요, 물은 다만 물이다'라고 보는 것입니다.

또다른 예로 사홍서원에 나오는 '중생무변서원도衆生無邊誓願度'를 상·공·성의 각기 다른 안목에서 살펴볼 수도 있습니다.

상의 입장에서는 제도해야 할 중생이 있는 것으로 보는 견해입니다. 그러나 공의 입장에서는 우주 만물이 본래 공한 것이기 때문에 중생 또한 공한 것으로 보아 공한 중생을 제도한다는 견해입니다. 성의 입장에서는 중생이 곧 부처이므로 부처인 중생을 제도한다는 견해입니다.

삼종을 우리의 삶에 비추어 볼 때, 있는 그대로가 전부인 양 착각하여 사는 것은 상이나 유의 입장입니다. 그러나 인생이 공한 것인 줄 알면서 살아가는 것은 공이나 무의 입장입니다. 공하다고 해서 아무것도 없는 것이 아니라 분명히 살 것이 있는 것입니다.

상의 입장에서는 사는 일 그 자체에만 매달려 살지만, 공한 입장에서는 인생의 공한 일면을 들여다보면서 살아가는 지혜의 안목이 있습니다. 가장 차원이 높은 성의 입장에서는 우리의 인생을 진리 그 자체로 보는 것입니다. 그래서 진리로서의 삶을 살아가는 것입니다.

어떤 경우라도 크게 뭉뚱그려 보면 위의 상·공·성 세 가지 견해에 비추어 볼 수 있습니다. 현상계를 볼 때 한 가지 견해로만 고집할 것이 아니라 보다 높은 차원으로 바라볼 줄 아는 지혜의 안목이 필요합니다.

상·공·성 삼종과 함께 우리의 안목은 보는 관점에 따라 다시 세 가지로 분류할 수 있습니다. 이것을 삼관三觀이라고 말합니다.

첫째는 공관空觀입니다.

모든 현상을 공하다고 보는 관점입니다. 공관은 결국 공의 입장에서 현상계를 관찰하는 입장입니다. 다시 말해서 삼라만상의 실체는 본래 공한 것이며, 인연에 따라 잠깐 생긴 것으로 보는 견해입니다. 공관은 삼종에서 무와 공의 입장에서 현상계를 이해하는 차원과 같은 맥락에서 생각할 수 있습니다.

둘째는 가관假觀입니다.

모든 현상계는 본래 공한 것인데, 거짓된 모습에 속아서 보는 것을 말합니다. 가관은 앞의 삼종 중 유와 상의 입장에 해당된다고 할 수 있습니다. 결국 가관은 모든 현상을 가상假想의 입장에 집착해서 보는 안목을 말합니다.

셋째는 중도관中道觀입니다.

중도관은 현상계를 그대로 진리의 차원에서 보는 안목을 말합니다. 중도관은 가장 이상적이고 차원 높은 입장으로, 삼종 중 성의 견해와 연결된다고 할 수 있습니다.

이상으로 오시교와 삼종, 삼관을 통하여 『반야심경』의 위치와 내용적인 면을 대강 살펴보았습니다.

결론적으로 말해 『반야심경』은 반야부 경전의 중심이며, 동시에 불경의 심장부라 할 수 있습니다. 다시 말해서 팔만대장경 전체의 정수精髓는 반야부의 경전이며, 그 반야부의 정수가 바로 『반야심경』인 것입니다.

『반야심경』의 사상

공空이란?

앞에서 삼종, 삼관을 통하여 살펴볼 때 『반야심경』의 주된 내용은 공사상을 그 밑바탕에 깔고 있음을 알 수 있습니다.

공이란 범어로 수냐śūnya라고 하는데, 그 뜻은 '텅 비었다'라고 해석할 수 있습니다. 공의 본래 의미는 일체법一切法은 인연을 따라 생긴 것이므로 거기에 아체我體, 본체本體, 실체實體라고 할 만한 것이 없으므로 공이라고 말하는 것입니다. 이것을 다른 말로 제법개공諸法皆空, 일체개공一切皆空이라고 하는 것입니다.

일체 현상계를 공한 것으로 관찰하는 것은 공관空觀이라고 하여 앞에서 잠깐 언급한 바 있습니다. 공은 허무虛無가 아닙니다. 공을 관찰하는 것은 그대로 진리에 대한 발견입니다. 그래서 진공眞空은 그대로가 묘유妙有라고 해서 진공묘유眞空妙有라는 표현을 쓰기도 합니다. 즉 진정한 공은 묘하게 있는 것이라는 말입니다.

공에 대한 가르침은 불교경전 전반에 걸쳐 설해진 매우 중요한 교리입니다. 특히 대승불교의 반야부 경전에서 그 이론이 두드러진다는 것은 앞에서 살펴보았습니다.

공의 종류는 매우 많습니다. 크게는 아공我空과 법공法空이 있으며, 많게는 이십공二十空까지 있습니다. 여기서 그 종류를 일일이 열거하는 것은 생략하기로 하고 공에 대한 올바른 이해에 중점을 두어 설명하기로 하겠습니다.

결론적으로 말하자면 이 세상의 모든 사물이나 현상은 한마디로 공한 그 자체로 존재하고 있다고 할 수 있습니다. 이것을 바꾸어서 말하면 존재하고 있다는 그 사실이 바로 공인 것입니다. 그러므로 공이란 존재의 실상을 철저히 규명짓는 중요한 열쇠가 됩니다.

『반야심경』에서 말하는 공사상은 이 세상에 존재하는 모든 현상을 텅 빈 것으로 보는 것입니다. 왜냐하면 존재의 실상이 텅 빈 것이기 때문입니다.

존재의 실상을 실상대로 보지 않고 있는 것으로 보기 때문에 끝없는 문제가 생겨나는 것입니다. 우리에게 일어나는 온갖 괴로움을 뿌리째 뽑아 버리기 위해서는 공관으로 현상계를 관찰해야 하는 것입니다.

그러면 우리가 생각할 때, 분명히 있는 것인데 왜 텅 빈 것으로 보아야 하는 것일까요?

우선 모든 것을 공한 것으로 본다는 것은 어떤 실체이든 하나로 고정된 것은 없다는 뜻입니다. 이것은 곧 현상계의 모든 것은 공한 것이기 때문에 다른 무엇으로도 변할 수 있다는 말입니다.

공이라고 하는 것은 처음부터 어떤 고정불변한 것은 이 세상에 아무것도 없다는 말로 이해할 수 있습니다. 다시 말해서 공의 입장은 무엇이든지 되고자 한다면 그 의지대로 변할 수 있다는 의미를 내포하고 있습니다.

예를 들어 하나의 컵이 있다고 할 때 일차적으로 그것은 물을 마시는 도구라고 생각할 수 있습니다. 그러나 컵이 그 하나의 기능으로만 고정되어 있는 것은 아닙니다. 컵을 상대방에게 던져서 상처를 냈을 때는 흉기로도 변할 수 있습니다. 이처럼 하나의 컵도 고정되어 있지 않고 이런저런 모습으로 변할 수 있는 것입니다. 그것은 본래 실체가 공한 것이기 때문에 가능합니다.

공이라고 해서 텅 비어 아무것도 없다는 뜻은 결코 아닙니다. 앞에서도 잠깐 언급했듯이 진정하게 공한 것은 묘하게 있는 것입니다. 더구나 아무것도 없기 때문에 무시하거나 허무한 것으로 오해해서는 안 됩니다. 공의 차원은 본래 공이기 때문에 그 무엇으로도 변화, 발전할 수 있다는 뜻입니다.

여기서 공과 관련하여 재미있는 한 가지 고사古事를 소개하겠습니다.

옛날 중국 변방에 어느 노인이 외동아들을 데리고 살았습니다. 그런데 그 아들은 말 타기를 좋아해서 하루도 쉬지 않고 말타기를 즐겼습니다.

그러던 어느 날 그 아들이 그만 말을 잃어버리고 말았습니다. 동네 사람들은 그 노인을 위로하였습니다. 그러나 그 노인은 그 일을 별로 대수롭지 않게 여겼습니다.

그런데 집을 나갔던 그 말이 다른 말 한 필을 데리고 돌아왔습니다. 동네 사람들은 모두들 기뻐했지만 그 노인은 아무런 마음의 동요도 없이 덤덤한 표정이었습니다.

그 아들은 말이 두 필이나 되어 더욱 신이 나서 말을 타다가 그만 말에서 떨어져 다리를 다쳤습니다.

또다시 동네 사람들은 노인을 위로하며 다리병신이 된 아들을 안타까워했습니다. 그러나 그 노인은 또 아무렇지도 않은 듯한 표정을 지었습니다.

그런 일이 있은 지 얼마 지나지 않아 나라에 큰 전쟁이 일어났습니다. 마을의 건장한 청년들은 모두 전쟁터에 나가게 되었습니다. 그러나 다리병신이 된 그 아들은 전쟁에 나갈 수 없었습니다. 전쟁에 나간 마을의 청년들은 모두 죽었지만 다리병신이 된 그 아들은 살아남아 아버지와 오래도록 행복하게 살았다는 것입니다.

이 이야기를 새옹지마塞翁之馬라고 말합니다. 흔히 무슨 일의 결과에 따라 '인생만사 새옹지마'라는 표현을 잘 씁니다. 이것은 곧 좋은 것이 나쁜 결과를 가져올 수도 있고, 나쁜 것이 좋은 결과를 가져올 수도 있다는 말입니다.

그러면 왜 그것이 가능한 것일까요? 그것은 근본이 공이기 때문에 가능합니다. 모든 현상계는 하나로 고정되어 있지 않기 때문에 그 무엇으로든 변할 수 있는 것입니다. 근본이 공이기 때문에 그러한 무한한 가능성을 내포하고 있는 것입니다. 이 세상에 어떤 고정불변한 것은 아무것도 없다는 사실을 이해해야 합니다. 그런데도 불구하고 우리의 아집과 집착은, 세상은 언제나 영원한 것이라고 착각하는 것입니다.

공의 차원에서 가장 먼저 이해해야 할 것은 바로 자기 자신에 대한 공관空觀입니다. 우리는 자신의 존재에 대해 분명히 있는 것으로 깊이 착각하며 살아가고 있습니다. 자기라고 하는 거짓 껍데기에 집착하여 생기는 문제는 끝이 없습니다. 특히 보이지 않는 감정으로 인해 빚어지는 문제는 우리에게 큰 상처를 가져다 줍니다.

『반야심경』에서는 우리의 몸과 마음이 텅 빈 것임을 거듭 강조해서 설명하고 있습니다. 나라고 하는 실체가 텅 빈 것이기 때문에 우리는 자신의 의지대로 변할 수 있는 것입니다.

결국 자기라고 하는 실체는 텅 빈 것이므로 그 텅 빈 공간을 무엇으로 채우느냐에 따라 인생이 달라질 수도 있습니다. 이것은 곧 자기의 인생을 어떤 방향으로 이끌어갈 것인가 하는 문제와도 통하는 말입니다.

비유해서 설명하자면 자기 자신의 실체는 본래 백지와 같습니다. 그 백지 위에 어떤 그림을 그리느냐에 따라 자신의 인생은 달라지는 것입니다. 가령 백지 위에 성자의 모습을 그릴 수도 있습니다. 그러나 성자의 그림을 한순간에 먹칠해 버릴 수도 있습니다. 왜냐하면 본래 공이기 때문에 그런 일이 가능합니다. 유식한 사람도 무식해질 수 있고, 무식한 사람도 유식해질 수 있는 것입니다.

또한 아무리 아프고 괴로운 일이 있다고 해도 자신의 몸과 마음이 텅 비어서 없다고 한다면 그것은 이미 괴로움이 아닌 것입니다.

사랑하는 자녀가 대학 진학에 실패했다고 할 때, 자신의 몸과 마음이 텅 빈 것으로 생각하면 괴로울 게 없는 것입니다. 자녀가 대학에 진학하지 못했다고 해서 인생이 끝나는 것은 아닙니다. 다른 좋은 방향으로 전화위복이 되어 또다른 삶이 전개될 수도 있습니다.

본래 공한 것이기 때문에 한순간 한순간 가능성은 무한한 것입니다. 인간은 결코 고정불변한 것이 아닙니다. 세상의 모든 것은 우리의 좁은 안목 때문에 있는 것처럼 보일 뿐입니다.

물질에 대해 텅 빈 것으로 보는 것도 중요합니다. 그러나 궁극적으로는 정신작용에 대해 공의 입장으로 인식하는 것이 더욱 중요합니다. 시시각각으로 일어나는 감정들을 텅 빈 것으로 볼 때 진정한 마음의 평화가 있습니다.

예를 들어 부모의 죽음을 맞이했다면 누구나 슬퍼할 것입니다. 온 우주가 슬픔으로 가득 차 있는 것처럼 느껴질 것입니다. 그러나 그렇지만은 않습니다. 슬픈 감정 속에는 얼마든지 다른 감정이 들어갈 여지가 충분히 있습니다.

슬픔의 감정에 휩싸여 있어도 주위의 돌아가는 온갖 것들을 분별할 수 있습니다. 슬픔의 감정 속에서도 때가 되면 밥을 먹고, 속상한 일이 있으면 화를 내고, 남을 미워하는 온갖 감정들이 끊임없이 일어납니다.

물질의 분자와 분자 사이에 다른 것이 들어갈 공간이 넓다는 것은 두말 할 필요도 없습니다. 그와 같은 이치로 미움이나 슬픔 등의 감정 속에도 그 안은 텅 비어서 얼마든지 다른 감정이 들어갈 수 있다는 것을 명심해야 합니다. 그것은 우리의 몸과 마음의 실체가 텅 비었기 때문입니다.

그런데 우리는 미움의 감정, 슬픔의 감정이 일어나면 온통 그런 감정뿐인 것으로 생각합니다. 그것은 착각이며 환영입니다. 환영이나 착각과 같은 그릇된 인식작용에 끄달려서 온갖 문제에 휩싸이게 되는 것입니다.

경전에 이런 이야기가 있습니다.

어떤 사람이 어두운 밤길을 가게 되었습니다. 그런데 어떤 물체가 발부리에 걸렸습니다. 그는 그것이 뱀인 줄 알고 정신없이 도망쳤습니다. 다음 날 다시 그 자리에 가 보니 그것은 한낱 새끼줄이었습니다.

우리의 삶의 모습은 바로 이와 같습니다. 새끼줄을 뱀으로 잘못 인식함으로써 온통 상처로 얼룩지는 것입니다. 밝은 태양 아래서는 사물의 분별이 가능합니다. 영원할 것 같은 감정들도 알고 보면 텅 비어서 아무것도 없는 것입니다.

우리의 숱한 감정들은 뿌연 안개처럼 잠시 우리 앞을 가로막아 잠시 있는 것처럼 보일 뿐입니다. 그 실상은 텅 빈 것입니다.

어둠 속에서 새끼줄을 뱀으로 잘못 볼 것인지, 아니면 밝은 태양 아래서 모든 것을 환히 분별할 것인지는 바로 공의 지혜를 터득하느냐, 못 하느냐에 달려 있습니다.

우리에게 전개되는 온갖 문제들, 또는 온갖 좋지 못한 감정들은 우리를 괴로움의 덫으로 옭아매고 있습니다. 그래서 문제가 문제를 낳아 눈덩이처럼 자꾸 커집니다.

이러한 문제를 풀고 해결하는 방법은 근본이 텅 빈 것이라는 사실을 깨닫는 수밖에 없습니다. 보다 나은 삶을 살아가기 위해서는 공에 대한 지혜의 안목을 먼저 가져야 합니다. 공이기 때문에 인연에 의해서 무엇이든 가능합니다.

『반야심경』의 핵심이 되는 공사상은 궁극적으로 우리의 인생을 아무 걸림 없이 꿈과 희망과 포부와 기대를 갖고 살라는 교훈을 주고 있는 것입니다.

공空과 반야般若

앞에서 공이란 일체의 현상계가 존재하는 영원불변한 법칙임을 밝힌 바 있습니다. 이러한 존재 법칙으로서의 공의 실상을 파악하는 일 그 자체가 곧 반야입니다.

반야는 범어로 프라즈냐prajñā라고 하는데, '혜慧 · 지혜智慧 · 명明' 등의 뜻이 있습니다. 즉 반야는 모든 사물의 실상을 꿰뚫어 보는 안목을 말합니다.

반야의 지혜를 통해야만 성불이 가능합니다. 그러므로 반야는 모든 부처님의 스승이며, 어머니인 것입니다. 또한 반야는 제법

諸法의 여실한 이치를 밝힐 뿐만 아니라 중생을 교화하는 실천적 의미를 내포하고 있습니다.

여기서 말하는 반야의 지혜는 단순한 세속적인 지혜가 아닙니다. 인생과 우주의 참 모습을 텅 빈 것으로 보는 일 그 자체가 바로 반야의 지혜입니다. 다시 말해서 공성空性의 도리를 완전히 이해하는 최상의 완전한 지혜가 바로 반야입니다.

그래서 공과 반야는 하나로 연결되어 불가분의 관계에 있습니다. 다시 말해서 공의 이해가 곧 반야이며, 반야는 곧 공의 실상을 깨닫는 일입니다. 반야는 일체의 사물이나 도리를 궁극점까지 추적해서 그것의 영원한 진실을 파악하는 일 자체를 말합니다.

인간은 누구나 처음부터 반야의 지혜를 갖추고 있습니다. 다만 탐·진·치 삼독과 번뇌로 뒤덮여 반야가 가려져 있을 뿐입니다. 번뇌를 제거하는 일이 곧 반야를 드러내는 일입니다. 결국 번뇌와 반야는 둘이 아니라 하나입니다. 왜냐하면 번뇌와 반야의 실상은 공한 것이기 때문입니다.

『반야심경』의 중심 사상은 공이며, 반야입니다. 이것은 곧 불교의 궁극 목표이기도 합니다. 반야의 완성, 곧 지혜의 완성을 향한 부단한 노력 없이는 깨달음을 성취할 수 없습니다.

『반야심경』은 이 현상계에 너무도 매혹되어 진한 꿈을 꾸고 있는 것을 깨우기 위한 반야의 가르침을 담고 있습니다. 우리는 현실을 살아가되 현실에 푹 빠져서 캄캄하게 살아가서는 안 됩니다. 지혜의 밝은 눈으로 인생을 관찰하면서 문제를 해결하자는 것이 『반야심경』의 교훈입니다.

지혜의 가르침을 통해 세상을 관조할 때 우리가 추구하는 행복을 얻을 수 있을 것입니다. 결국 진정한 행복은 지혜에서 온다는 것을 『반야심경』은 가르치고 있습니다.

불교에서 흔히 인간 행위의 진정한 귀결점은 이고득락離苦得樂에 있다고 말합니다. 좁은 의미로 볼 때 당면한 어떤 문제가 해결된 상태를 낙樂이라고 할 수 있습니다. 문제 그 자체는 고苦에 해당될 것입니다.

불교에서는 괴로움에 대하여 많이 이야기하고 있습니다. 괴로움이란 다른 말로 표현하면 '문제'라고 할 수 있습니다. 우리에게 일어나는 수많은 문제를 해결한 즐거움의 상태가 되면 편안함을 얻을 수 있습니다.

여기에서 말하는 편안함은 완전무결 상태의 평화를 말합니다. 시공時空을 초월한 지극히 편안한 극락極樂의 상태를 말합니다. 그것은 곧 『반야심경』에서 말하는 지혜의 실천, 지혜의 완성을 통해서 가능한 것임을 명심해야 합니다.

반야의 지혜는 밝은 태양과 같습니다. 캄캄한 밤에 길을 가다가 무엇에 부딪히면 그저 막연하게 돌이거나 나무일 것이라고 상상하는 것은 한낱 지식에 불과합니다. 그러나 지혜는 그런 막연하게 아는 것과는 차원이 다릅니다. 반야의 지혜는 밝은 태양과 같은 빛입니다. 그렇기 때문에 그것이 돌인지, 나무인지, 짐승인지, 사람인지를 확연히 구별할 수 있습니다.

옛날에 용담 스님과 덕산 스님이 있었습니다. 용담 스님은 남방의 선禪 수행자로 명성을 떨쳤습니다. 반면에 덕산 스님은 『금강경』을 평생 연구하는 학자로서 그 분야에서는 일인자였습니다.

덕산 스님은 용담 스님의 명성을 꺾어 보고자 그를 찾아갔습니다. 자신이 평생 연구한 업적이 담긴 서적을 짊어지고 가서 용담 스님을 만났습니다. 덕산 스님은 밤이 이슥해지도록 자신의 견해를 주장하였으나 결론을 얻지 못했고, 그래서 그만 잠자리에 들려고 자리에서 일어나 밖으로 나왔습니다. 밖은 칠흑같이 어두워 신발조차 찾을 수 없었습니다. 덕산 스님은 신발을 찾기 위해 용담 스님께 촛불을 달라고 했습니다.

그런데 용담 스님은 촛불을 건네 주고는 덕산 스님이 신발을 찾으려 할 때 그만 촛불을 확 꺼버렸습니다. 갑자기 천지가 암흑처럼 어두워졌습니다. 그 순간 덕산 스님은 깨달음의 밝은 눈을 뜨게 되었던 것입니다.

그 다음 날 덕산 스님은 자신이 평생을 연구한 책을 모두 불살라 버렸습니다. 왜냐하면 자신이 그 동안 쌓았던 지식의 안목은 한낱 허공의 먼지에 불과하다는 것을 깨달았기 때문입니다.

이 이야기에서 우리는 알음알이로서의 지식과 반야의 지혜가 어떻게 다른지를 이해해야 합니다. 단순한 지식과 지혜는 엄청난 차이가 있습니다. 그것은 마치 어둠 속에서 막연하게 돌이거니 하고 생각하는 것과 밝은 태양 아래서 확연히 구별할 수 있는 것과의 차이입니다.

결국 『반야심경』의 주된 안목은 공의 이치를 관조함으로써 지

혜를 얻고, 그 지혜로써 문제를 해결함에 있습니다. 그러므로 현
상계를 공의 원리에 입각해서 관찰할 때 반야의 지혜는 저절로
생긴다는 사실을 잊지 말아야 하겠습니다.

공空과 연기緣起

공사상과 관련하여 연기설緣起說은 불교의 중심사상으로 모든
현상계의 이치를 밝히고 있습니다. 이 연기법에 의해 모든 현상
들은 생성, 변화, 발전, 소멸합니다. 연기의 법칙을 빼고는 불교
를 논할 수 없을 만큼 연기설은 중요한 교리입니다.

연기는 범어로 프라티탸사무파다patītya-Samutpāda라고 합니다.
연기는 인연생기因緣生起를 줄여서 말한 것으로, 무수한 원인에
의해서 결과가 생기는 원리를 말합니다. 다시 말해서 모든 존재
는 여러 가지 조건, 곧 인연에 의해서 잠정적으로 그와 같은 모
습으로 성립되는 것입니다.

일체법一切法은 조건에 따라서 변하기 때문에 독립적인 존재성
을 가질 수 없습니다. 그래서 모든 존재의 실상을 공이라고 말하
는 것입니다. 일체가 공이기 때문에 연기의 법칙이 가능합니다.
결국 공사상과 연기의 법칙은 불가분의 관계에 있음을 알 수 있
습니다.

가장 기본적인 연기의 공식은 '이것이 있으면 저것이 있고, 이
것이 없으면 저것이 없다. 이것이 생기면 저것이 생기고, 이것이
멸하면 저것도 멸한다〔因此有彼 無此無彼 此生彼生 此滅彼滅〕'(중아함 권
47)입니다.

이 말씀은 연기의 법칙을 단적으로 말해 주는 중요한 원리입니다. 모든 현상은 원인과 조건에 의해 상호관계를 가짐으로써 성립됩니다. 그 어떤 현상도 독립적이며 자존적인 것은 없습니다. 따라서 조건이나 원인이 없으면 결과도 없는 것입니다.

『반야심경』에서 말하고 있는 일체개공一切皆空도 연기와 밀접한 관계가 있습니다. 일체의 모든 것은 다른 것과 상호의존관계에 의해 현상계에 존재하는 것입니다. 각각의 현상은 개별적으로 자성自性을 갖고 있지 않습니다. 이것이 바로 공입니다. 그러므로 모든 물체는 연기에 의해 존재하며 자성이 없는데, 그것은 곧 공이라는 등식이 성립하는 것입니다. 이 말은 모든 현상계는 본질적으로 텅 비어 있되, 현상적으로는 존재하는 것처럼 보인다는 것입니다. 그 존재하는 것처럼 보이는 것은 연기의 법칙 때문입니다. 연기란 한마디로 이야기해서 어떤 일이 일어나는 조건이 되는 것이라고 할 수 있습니다.

인연은 자꾸 변하는 성질이 있습니다. 결코 영원한 것이 아닙니다. 존재의 법칙은 인연에 의해 잠깐 있는 것이지 결코 고정불변한 것이 아닙니다.

앞에서 말한 공사상도 텅 비어서 전혀 없는 것이 아니라 이런저런 인연에 의해 존재한다는 사실을 내포하고 있는 것입니다. 그렇지만 본질은 텅 빈 것으로 이해해야 합니다. 존재하는 것처럼 보이는 것도 인연이 흩어지면 없어지는 것이기 때문에 그런 입장에서 보면 공인 것입니다.

또 자기 자신의 입장에서 비추어 볼 때, 살아 있으니 확실히 있는 것처럼 보이지만 어느 순간 이 세상을 떠나고 마는 것입니다. 결국 인연이 다했을 때는 사라져 없어지는 존재인 것입니다.

이 세상에서 고정된 실체는 아무것도 없습니다. 모든 것은 생성, 변화, 발전, 소멸하고 있습니다. 이것을 불교에서는 '성주괴공成住壞空, 생주이별生住異滅'이란 말로 설명합니다.

성주괴공이란 물질이 구성되어 없어지는 기간을 4기四期로 나눈 것입니다. 물질이 처음에 생겨서 얼마 동안 존재하다가 점차 파괴되어 끝내 없어져 공무空無한 것을 성주괴공이라고 말합니다.

또 생주이멸은 주로 정신적인 측면의 변화상태를 말하고 있습니다. 한 생각이 일어나서 머물렀다가 변화하여 소멸하는 과정을 말하는 것입니다.

연기의 법칙은 절대적인 것입니다. 어떤 존재이든 모든 것은 성주괴공, 생주이멸의 과정을 거칩니다. 고정불변한 존재는 없습니다. 모든 현상은 단순하게 보이지만 온갖 복잡한 인연에 의해 생겨나는 것입니다.

옷깃만 한번 스쳐도 500년 인연이라는 말이 있듯이, 하나의 물질이나 현상이 생기기까지는 엄청난 인연의 결합에 의해 이루어지는 것입니다. 기성복처럼 이미 만들어져 있는 것은 아무것도 없습니다.

하찮은 물건 하나가 생기는 것도 많고 많은 인연의 결합에 의해 이루어집니다. 그렇기 때문에 이 세상에 고정불변한 것이란 아무것도 없는 것임을 이해해야 합니다.

우리가 문제를 일으키는 것은 무엇이든 고정불변한 것이라고 믿는 데서 시작합니다. 그런 생각은 거의 무의식적이며 본능적인 것으로 굳어져 있는 경우가 많습니다.

어떤 것이든 인연에 의해 생기면 반드시 멸하게 되어 있습니다. 연기로서 존재한다는 법칙을 원리대로, 또 사실대로 이해한다면 설사 문제가 일어나도 그것은 괴로움이 되지 않을 것입니다.

한 가지 예를 들어, 어른이 늙어가는 것은 슬퍼하면서 아이가 성장하는 것은 대견해합니다. 이치적으로 따진다면 어린아이가 자라는 것도 슬퍼해야 합니다. 존재의 법칙에 입각하면 이 두 가지는 같은 맥락에서 이루어지는 것입니다.

또 우리가 마음에 맞는 일만 좋아하고 그렇지 않으면 싫어하거나 부정하는 데서 괴로움이 생깁니다. 좋은 감정과 싫은 감정은 결코 둘이 아닙니다.

이처럼 현상계의 모습은 연기의 법칙으로 존재합니다. 그것은 공이기 때문에 그렇게 되는 것입니다. 그러므로 공과 연기의 관계 또한 두 가지 원리를 함께 이해해야 합니다. 공이기 때문에 인연을 만나면 생기게 되고 인연이 사라지면 없어지게 되는 것입니다. 이렇듯 연기법의 근간根幹에는 공사상이 내포되어 있다는 사실을 잊지 말아야 합니다.

이상으로 공사상, 공과 반야, 공과 연기의 관계에 대한 대략적인 설명을 마치겠습니다. 경문의 해설을 통해 그 내용을 보다 명확히 살펴보도록 하겠습니다.

『반야심경』의 구조

사분四分 구조

『반야심경』의 구조는 마치 짜임새 있게 잘 짜여진 건축물과 같습니다. 경의 제목까지 모두 합쳐 270자字밖에 안 되는 짧은 경전이지만 그 내용은 지극히 깊은 뜻을 함축하고 있습니다. 그래서 그 뜻을 이해하기 위해서는 많은 노력이 필요합니다.

『반야심경』의 구조는 대체로 네 부분으로 살펴볼 수 있습니다.

첫째, 반야의 주된 뜻을 세우는 부분입니다. 지혜로써 저 언덕을 건너가는 이치로 살펴보니 일체의 현상이 공하다는 것을 밝히고, 그래서 일체의 괴로움을 해탈했다는 내용을 담고 있습니다.

경문의 처음인 **관자재보살**觀自在菩薩에서 **도일체고액**度一切苦厄

까지입니다.

둘째, 그릇된 인식을 깨뜨리고 반야의 공관空觀으로 비춰 보는 부분입니다. 모든 현상과 가치와 방편을 지혜의 공도리空道理로 가르치고 있는 것입니다. 그래서 모든 물질현상은 공이며, 공이 또한 일체 현상이 되는 것입니다.

이와 같은 공성空性은 일체에 가득 차 있어서 육근六根, 육진六塵, 육식六識, 십이인연十二因緣, 사제법四諦法까지 텅 비어 공한 것임을 드러내고 있습니다. 그래서 결국 공한 도리는 아무 얻을 바가 없는 무소득無所得의 경지까지 도달하게 되는 것입니다.

경문의 **사리자 색불이공 공불이색**舍利子 色不異空 空不異色에서 **무지역무득**無智亦無得까지입니다.

셋째, 지혜의 공관으로 일체 현상을 비춰 본 결과로써 나타나는 것을 설한 부분입니다. 일체의 현상은 지혜의 눈으로 보면 공한 것임은 앞에서 모두 설명했습니다.

이 부분은 거기서 나타나는 경지를 말하고 있습니다. 그것은 곧 마음에 아무 걸림이 없이 자유로우며 마침내 열반에 이르러 성불을 이루는 대목입니다.

경문의 **이무소득고**以無所得故 **보리살타**菩提薩埵에서 **득아뇩다라삼먁삼보리**得阿耨多羅三藐三菩提까지입니다.

넷째, 전체 경의 결론 부분입니다. 지혜로써 저 언덕을 건너가는 이치는 그대로 진리의 참 모습임을 밝히고 있습니다. 그것은 곧 무한한 공덕을 나타내는 큰 위신력을 가지고 있음을 결론적으로 말하고 있습니다.

결론에서는 반야의 공관이야말로 궁극의 진리에 도달하는 깨달음의 경지임을 규명하고 있습니다. 그래서 결정적인 극찬구로 끝을 맺는 것입니다.

경문의 끝부분인 **고지반야바라밀다 시대신주**故知般若波羅蜜多是大神呪에서 **아제아제 바라아제 바라승아제 모지 사바하**의 주문까지가 결론에 해당됩니다.

이상의 사분 구조는 『반야심경』을 기승전결起承轉結의 형식에 맞추어 분류한 것임을 알 수 있습니다.

현설顯說과 밀설密說

앞에서 살펴본 네 가지 분류법 외에 또다른 방법으로 『반야심경』의 구조를 살펴볼 수 있습니다. 그것은 현설과 밀설의 두 가지 형태로 나누는 것입니다.

경의 제목은 그대로 두고 경문의 내용을 크게 현설과 밀설로 분류할 수 있습니다. 현설은 내용을 그대로 드러내서 나타낸 부분을 말합니다. 그와 대조적으로 밀설은 주문으로 되어 있어서 그 내용을 숨겨서 비밀스럽게 전하는 부분을 말합니다.

그래서 현설은 맨 처음의 **관자재보살**觀自在菩薩에서 끝부분의 **고설반야바라밀다주 즉설주왈**故說般若波羅蜜多呪 卽說呪曰까지가 이 부분에 해당됩니다.

밀설은 맨 마지막 구절인 **아제아제 바라아제 바라승아제 모지 사바하**의 주문이 이 부분에 해당됩니다.

현설은 다시 총설總說과 별설別說로 나누어서 생각할 수 있습니다. 총설은 경이 담고 있는 전체적인 뜻을 밝힌 부분입니다. 다시 말해서 총설에서는 전체적인 요점을 드러냅니다. 반면에 별설은 총설의 큰 뜻을 낱낱이 분별해서 나타낸 부분을 말합니다. 즉 별설에서는 구체적인 비유를 들어 조목조목 이치를 따지고 논리를 전개해 나가는 것입니다.

그래서 총설 부분은 맨 처음의 **관자재보살**觀自在菩薩에서 **도일체고액**度一切苦厄까지를 말합니다.

별설 부분은 **사리자 색불이공 공불이색**舍利子 色不異空 空不異色에서부터 끝 부분의 **반야바라밀다주 즉설주왈**般若波羅蜜多呪 卽說呪曰까지를 말합니다.

총설에서 이미 그 주제를 다 드러내 놓고 별설에서는 구체적인 항목을 들어서 설명하고 있는 것입니다. 다시 말해서 총설에서 관자재보살로 하여금 반야를 이루게 하고, 별설에서는 사리자를 내세워 반야에 대해 하나하나 분별해서 공의 이치를 증명하고 있는 것입니다.

이상으로 『반야심경』의 구조에 대해서 간단히 살펴보았습니다. 사분 구조와 현설과 밀설의 이분二分 구조는 서로 공통된 부분이 있음을 알 수 있습니다.

사분 구조의 첫부분은 현설을 다시 두 가지로 나눈 총설 부분에 해당됩니다. 이 대목에서 『반야심경』의 모든 것을 밝히고 있다고 할 수 있습니다. 그렇기 때문에 총설 부분은『반야심경』의 주된 안목을 드러낸 가장 중요한 부분에 해당됩니다.

그러면 계속해서 경의 제목과 함께 경문의 내용을 살펴보도록 하겠습니다.

제 2 장

반야의 주된 뜻

지혜는 참으로 위대한 것

마 하 반 야 바 라 밀 다 심 경
摩訶般若波羅蜜多心經

위대한 지혜로 저 언덕에 이르는 길

풀 이

지혜의 완성 – 삶의 완성, 성공적인 인생이란 모든 고난과 불행과 문제를 완전히 해결하고 진정 평화와 행복을 누리는 삶을 말한다. 그 길은 오로지 위대한 지혜로써만 가능하다. 그러므로 위대한 지혜로써 모든 고난과 문제를 해결하고 보람과 행복의 삶으로 나아가는 길이라고 한다.

해 설

『반야심경』은 아주 짧은 경전입니다. 『천수경』·『예불문』 등과 함께 의식을 행할 때 반드시 독송하기 때문에 대부분의 불자들은 잘 외우고 있습니다.

『반야심경』이 비록 짧은 경전에 속한다고 해도 내용면으로 볼 때 깊은 뜻을 함축하고 있습니다. 그래서 우리가 평생을 두고 공부하지만 그 이치를 제대로 깨닫기는 매우 어려운 경전에 속합니다.

팔만대장경 안에는 일곱 종류의 『반야심경』 번역본이 있습니다. 그 중에서 가장 많이 읽히는 것이 중국 현장玄奘 법사의 번역입니다. 여기에 강술하는 『반야심경』 또한 현장 법사의 번역본입니다.

『반야심경』의 일곱 가지 번역 중에는 간단히 해 놓은 것과 체계적으로 된 번역이 있습니다. 간단한 번역을 약본略本이라 하고, 구체적으로 된 번역을 광본廣本이라고 말합니다.

광본에는 서론, 본론, 결론이 다 갖추어져 있으나 약본에는 서론과 결론은 모두 생략되고 본론 부분만 요약되어 있습니다. 우리가 읽고 있는 것이 바로 본론부터 시작하는 약본『반야심경』입니다.

경전의 내용을 이해하는 데 있어서 경의 제목은 상당히 중요한 구실을 합니다. 경전의 제목 속에는 그 경이 가르치고자 하는 중심사상이 들어 있기 때문입니다.

『반야심경』의 원래 제목은 "반야바라밀다심경"인데 그것을 줄여서 "반야심경", 혹은 그냥 "심경"이라고 하는 것입니다. 맨 앞의 **마하**는 원래 없었던 것인데 언제부터인가 붙여진 것입니다.

맨 앞의 **마하**는 범어로 마하Mahā라고 하는데 그것은 '크다(大), 수승하다(勝), 많다(多)'라는 뜻입니다. **마하**는 단순히 눈으로 감지할 수 있는 크기를 말하는 것이 아닙니다. **마하**의 크기는 어떤 한계나 제한이 없는 무한대의 크기를 말합니다. 다시 말해서 마하의 크기 속에는 공간적으로 무한하고 시간적으로 영원한 것을 말합니다.

마하라는 말이 가지는 의미는 절대적인 크기를 상징한다고 할 수 있습니다. 그래서 그 뜻을 번역해서 쓰지 않고 그냥 **마하**라는 말을 그대로 두는 것입니다.

다음으로 반야라는 말은 앞에서도 살펴보았듯이 범어로 프라즈냐prajñā라고 합니다. '지혜智慧, 명明, 혜慧' 등의 뜻이 있습니다. 흔히 지혜라고 번역합니다.

여기서 말하는 **반야**는 법의 실다운 이치를 깨달은 최상의 지혜를 말합니다. 그래서 반야를 얻은 사람은 성불하여 부처의 경지에 도달하게 되는 것입니다.

반야의 힘은 참으로 위대합니다. 그 힘은 평등, 절대, 무념無念, 무분별無分別의 경지일 뿐 아니라 반드시 상대의 차별을 관조觀照하여 중생을 교화하는 능력을 갖고 있습니다.

반야는 한마디로 깨달음의 지혜를 말합니다. **반야**는 단순히 세상을 살아가는 데 있어서 현명함이나 지식이 높은 것을 말하는 것이 아닙니다. **반야**의 지혜는 우리의 참 모습에 대한 눈뜸이라고 할 수 있습니다.

예를 들어 우리는 잠자는 동안에 꿈을 꿉니다. 꿈 속에서 죽음이 눈앞에 닥쳐와 온 힘을 다해 발버둥치고 애쓰는 경우가 있습니다. 그러나 꿈에서 깨고 나면 따뜻한 이불 속에 편안히 누워 있는 자신을 발견하게 됩니다. 꿈을 깨고 나면 꿈 속에서 몸부림쳤던 것은 현실이 아님을 알게 됩니다. 이불 속에 편안히 누워 있는 모습이 현실임을 깨닫는 것이 바로 지혜입니다.

지혜는 꿈 속에서 살기 위해서 꾀를 부리고 집착하는 것이 아닙니다. 꿈 속에서 헤매고 있는 모습은 자신의 실상이 아닙니다. 꿈에서 깬 모습이 바로 자신의 참 모습임을 깨닫는 일, 그것이 여기서 말하는 **반야**, 곧 지혜입니다. 우리는 꿈 속의 것이 현실인 양 착각하며 살아가는 경우가 많습니다. **반야**는 꿈을 꾸고 있는 것이 아니라 꿈을 깬 지혜를 말하는 것입니다.

반야는 모든 문제를 해결하는 열쇠가 됩니다. 다시 말해서 모든 문제 해결이 **반야** 속에 담겨 있다고 할 수 있습니다. 인생살이의 자질구레한 문제에서부터 경제적인 문제, 감정적인 문제, 사회 문제, 정치 문제, 노사 문제 등 그 어떤 문제라도 **반야**의 지혜로 해결되지 않는 것은 아무것도 없습니다.

반야를 얻기만 하면 그것은 아무도 훔쳐갈 수 없습니다. 또 반야는 빌려줄 수도 없습니다. 반야는 문제 해결의 핵심이 되는 소중한 도구입니다. 누구나 수행을 통해서 반야의 지혜가 구체화될 수 있으며, 자기 것으로 만들 수 있는 것입니다.

그러므로 **반야**는 인생과 우주의 참다운 실상을 깨닫는 일이며, 모든 고통에서 벗어나는 길이며, 해탈을 성취하는 유일한 방법입니다. **반야**를 통해 삼세제불은 정각正覺을 이루고, 보살은 열반을 얻고, 중생은 당면한 문제와 나아가서 삶과 죽음의 문제까지 해결하는 것입니다. 그래서 『반야심경』을 지혜의 완성이라고 말하는 것입니다.

다음으로 **바라밀다**는 **반야**와 함께 쓰는 경우가 많습니다. 범어로는 바라미타pāramitā라고 말합니다. 그 뜻은 '도피안到彼岸, 도무극到無極, 사구경事究竟' 등으로 번역할 수 있습니다.

바라밀다는 도피안, 즉 '저 언덕을 건너 간다'는 뜻입니다. 저 언덕이란 바로 지혜의 열쇠로서 문제가 해결된 상태를 말합니다. 도피안이라고 해서 멀리 있는 것이 아닙니다. 도피안은 궁극적으로 지혜의 눈을 뜨는 것이며, 그래서 모든 문제가 해결된 상태를 말합니다.

이상적 경지인 깨달음의 세계를 피안彼岸이라고 하는 반면에 미혹의 중생 세계는 차안此岸이라고 합니다. 차안은 곧 문제가 해결되지 않은 상태를 가리키는 말로 이해할 수 있습니다.

도피안, 곧 **바라밀다**는 결국 꿈을 깨고 사물과 현상을 바라보는 것이며, 자신의 실상을 올바로 관조하는 것입니다. 그래서 모든 문제가 해결된 편안함과 안락함이 항상 깃든 곳입니다. 그것은 곧 우리가 꿈꾸는 극락인 것입니다.

마지막으로 **심경**은 '핵심되는 경전'이란 뜻입니다. 범어로 흐릿다야 수트라hrdayāsūtra라고 하는데, 그 뜻은 진수眞髓의 경·심장의 경이라고 풀이할 수 있습니다. **심경**이라고 해서 단순히 마음의 경전이란 뜻은 아닙니다. 부처님의 말씀은 모두 마음의 경전인 까닭에 『반야심경』에서 굳이 마음의 경전이라고 해석할 필요는 없습니다.

여기서 **심경**이란 반야부의 가장 중심 되는 경전이 바로 『반야심경』이라는 뜻입니다. 다시 말해서 전체 반야부의 경전 중에서 심장과 같이 핵심적인 진수만을 요약한 것이 바로 『반야심경』이란 말입니다.

그래서 **마하반야바라밀다심경**의 전체 제목이 담고 있는 뜻은 곧 '큰 지혜로써 저 언덕을 건너가는 도리를 밝힌 중심되는 가르침'이란 말입니다. 이것을 흔히 '지혜의 완성'이란 말로 압축하여 이해하고 있습니다. 경의 제목에서 가장 중심되는 말은 역시 **반야**입니다. 왜냐하면 모든 것은 **반야**를 얻음으로써 성취되는 것이기 때문입니다.

반야를 통해서 문제를 해결하고, 열반을 얻고, 정각을 이루는 것입니다. 중생이 부처가 될 수 있는 열쇠가 곧 **반야**이며, 그 열쇠로써 문제가 해결된 상태가 바로 **바라밀다**입니다.

그래서 **마하반야바라밀다심경**을 넓은 의미로 해석하면 '큰 지혜로써 우리에게 당면한 문제를 해결하는 중심되는 말씀'이라고 이해할 수 있습니다.

경의 제목에서도 알 수 있듯이 『반야심경』은 공空의 도리를 밝히고 지혜로써 깨달음을 이루는 이치를 밝히고 있습니다.

몸과 마음은 텅 빈 것

관자재보살 행심반야바라밀다시
觀自在菩薩 行深般若波羅蜜多時

조견오온개공 도일체고액
照見五蘊皆空 度一切苦厄

관자재보살이 깊은 반야바라밀다를 행할 때
오온이 모두 공함을 비춰 보고 일체 고액을 건넜다.

풀 이

우리들이 선망하는 가장 이상적인 인격자, 관세음보살은 지혜
의 완성자다. 그 지혜를 통하여 우리의 몸을 위시해서 모든 현상

계와 온갖 감정의 세계를 텅 빈 것으로 깨달아 안다. 몸도 마음도 텅 비었기에 일체 고난과 불행과 문제들은 있을 수 없다. 고난이니, 불행이니, 문제니 하는 것은 결국 무엇으로부터 오는가. 두말 할 것 없이 내 몸을 중심으로 하여 나라는 것, 나의 것이라는 것 등, 많고 많은 감정들로 인하여 생긴 것이다. 관세음보살은 반야의 삶을 통하여 모든 고난과 문제를 해결하였다.

해 설

여기서부터 경문의 시작입니다. 『반야심경』은 다른 경전에 비해 그 구조가 약간 다릅니다. 대부분의 경전에서는 '내가 이와 같이 들었다'라는 "여시아문如是我聞"이란 구절이 맨 먼저 나옵니다. 그런데 『반야심경』에서는 경전 성립의 배경 설명이 생략되고 바로 본론부터 시작하고 있습니다. 그것은 **반야**의 진수를 뽑아 놓았기 때문입니다.

우리나라에서 독송되고 있는 『반야심경』의 본문 첫 구절은 **관자재보살**로 시작합니다. 그런데 범서로 된 『반야심경』에는 경의 맨 처음에 '일체지자一切智者에게 귀의합니다'라는 구절이 있습니다. 여기서 '일체지자'란 바로 지혜를 완성한 분이라는 뜻으로 이해할 수 있습니다. 『반야심경』은 지혜의 완성을 가르친 경전입니다. 그렇기 때문에 '일체지자에게 귀의한다'는 구절은 『반야심경』이 지혜의 경전임을 잘 나타내 주는 귀중한 말입니다.

관자재보살에서 **관자재**는 범어 아바로키데스바라Avalokiteśvara를 번역한 말입니다. 이 말은 아바로키타Avalokita의 '관觀'과 이

스바라iśvara의 '자재自在'를 합한 것입니다. 그래서 **관자재보살**은 '보는 것에 있어서 자유자재한 분'이란 뜻입니다. 여기서 **관자재보살**은 지혜에 의한 바라밀행波羅蜜行을 실천하는 주체가 되는 분입니다.

관자재보살은 관세음보살의 다른 이름입니다. 관세음보살은 중생들의 괴로운 마음을 그 직관지直觀智로 투시하는 보살입니다. 또 관세음보살은 부처님의 자비가 인격화된 분입니다.

관세음보살은 모든 것을 두루 살피고, 알고, 듣기 때문에 우리를 고난에서 구해주는 분입니다. 우리가 부르기도 전에 마음의 소리를 들어주는 것입니다. 관세음보살은 아기를 돌보는 어머니의 마음에 비유될 수 있습니다. 어머니는 어린아이가 부를 때만 보살펴 주는 것이 아니라 부르지 않아도 항상 어머니의 관심 안에 있는 것입니다.

여기서 **관자재보살**은 **반야바라밀다**의 실천자입니다. 반야의 힘으로 우주와 인간의 근본 실상을 확연히 보는 것입니다. 반야의 실천 내용은 곧 자비행입니다. 자비를 통한 반야의 실천을 완성하는 자로서 **관자재보살**을 등장시킨 것입니다. **관자재보살**은 궁극적으로 진리를 실현하고 반야의 완성을 통해 피안에 도달하는 것입니다.

관자재보살에서 보살의 의미를 새겨볼 필요가 있습니다. 보살은 보리살타의 줄임말입니다. 보리살타는 범어로 보디사트바bodhisattva라고 합니다. 보디사트바는 깨달음을 나타내는 '보디bodhi'와 중생을 뜻하는 '사트바Sattva'를 합한 것으로 불교의 이상적인 구도자상을 상징하는 말입니다. 즉 깨달음을 완성한 부처와 미혹된 중생의 두 가지 속성을 가진 자가 바로 보살입니다.

그래서 보살은 위로는 깨달음을 구하고 아래로는 중생을 구제하는 자리이타自利利他를 실천하는 분입니다. 대승불교에서 넓은 의미로 볼 때 보살은 올바른 인생을 살려고 노력하며 꿈꾸는 사람입니다. 다시 말해서 보살이란 보다 나은 인생을 위해 꿈과 희망과 포부를 갖고 향상을 꾀하는 사람입니다.

여기서 잠깐 **관자재보살**의 여섯 가지 구체적인 실천 덕목으로 육바라밀六波羅蜜에 대해 알아보기로 하겠습니다.

첫째는 보시바라밀布施波羅蜜입니다.

보시는 주는 행위를 말하는데, 세 종류가 있습니다. 재물을 주는 행위를 재보시財布施라 하며, 진리를 일러주는 행위를 법보시法布施라 하며, 마음을 편안하게 해주는 행위를 무외시無畏施라 합니다.

둘째는 지계바라밀持戒波羅蜜입니다.

지계는 계율을 지키는 것을 말합니다. 계율을 지킨다는 것은 곧 행동을 절제할 줄 아는 것을 가리킵니다.

셋째는 인욕바라밀忍辱波羅蜜입니다.

인욕이란 고난을 참고 견디는 것을 말합니다.

넷째는 정진바라밀精進波羅蜜입니다.

정진은 진리의 길을 끊임없이 추구하는 것을 말합니다.

다섯째는 선정바라밀禪定波羅蜜입니다.

선정은 정신을 흩어지지 않게 안정시키며, 사념思念의 근원을 투시하는 것을 말합니다. 앞의 보시, 지계, 인욕, 정진바라밀을 실천함으로써 그 결과로 얻어지는 것이 선정바라밀입니다.

여섯째는 지혜바라밀智慧波羅蜜입니다.

지혜바라밀은 앞의 보시, 지계, 인욕, 정진, 선정바라밀을 실천함으로써 얻어지는 최고의 지혜를 획득하는 일입니다. 또 최고의 지혜를 얻기 위한 모든 노력을 말합니다.

이상의 여섯 가지는 이상적인 경지인 열반을 증득하기 위해서 보살이 실천해야 하는 중요한 덕목입니다. 바라밀은 생각만 갖고 실천하지 않으면 아무 소용이 없는 것입니다. 바라밀은 그것을 닦는 자만이 그 진가를 알고 성불에 한 걸음 더 나아갈 수 있습니다.

다음으로 **행심반야바라밀다시**를 글자 그대로 해석하면 '(관자재보살이) 깊은 반야바라밀다를 행할 때'라고 할 수 있습니다. 여기서 '행한다'는 것은 반야를 실천에 옮기는 일을 말합니다. **심반야**는 깊은 지혜를 말하는 것이니 곧 공의 실상을 꿰뚫어 아는 것을 의미합니다. **바라밀다**는 경의 제목에서 살펴보았듯이 도피안, 즉 '저 언덕을 건너간다'는 뜻입니다. 그래서 **행심반야바라밀다시**를 좀더 자세히 풀어보면 '깊은 지혜로써 저 언덕을 건너가는 도리를 실천할 때'라고 할 수 있습니다. 이 말은 곧 깊은 지혜로써 문제가 해결된 상태를 뜻합니다.

관자재보살은 깨달은 분이기 때문에 중생의 삶처럼 고뇌와 문제가 가득한 삶이 아닙니다. 지혜로써 문제가 완전히 해결된 인생이며, 저 언덕에 건너간 삶입니다.

그러면 어떤 삶을 살아가는 것이 깊은 지혜로써 저 언덕을 건너가는 것일까요? 그 해답은 바로 그 다음 구절에 이어지는 **조견오온개공**에 있습니다.

조견오온개공은 '오온이 모두 공한 것으로 비춰 본다'는 뜻입니다. **조견**의 뜻을 좀더 선명히 번역하면 '밝히 본다' 또는 '저 먼 곳으로부터 내려다본다'는 뜻으로 풀이할 수 있습니다.

오온은 범어로 판챠 스칸다pañca skandha인데, 그 뜻은 '다섯 가지 쌓임'이란 말입니다. **온**은 화합하여 모인 것을 뜻합니다. **오온**은 곧 인간을 구성하는 다섯 가지 구성 요소를 일컫는 말입니다.

그 구체적인 것으로는 색온色蘊 · 수온受蘊 · 상온想蘊 · 행온行蘊 · 식온識蘊의 다섯 가지를 말합니다.

색온은 스스로 변화하고 다른 것을 장애하는 물체를 말합니다. 인간의 육신을 위시해서 눈에 보이는 모든 물질은 색온에 해당됩니다. 색온의 본래 의미는 '무너진다'는 뜻을 갖고 있습니다. 물질의 특성은 언젠가는 없어져 버릴 것이며, 인간의 육신 또한 지地 · 수水 · 화火 · 풍風의 사대四大로 흩어져 사라지는 것입니다.

수온은 고苦와 락樂, 불고불락不苦不樂을 느끼는 마음의 작용을 말합니다. 다시 말해서 수온은 괴롭다 · 즐겁다, 좋다 · 나쁘다, 달다 · 쓰다 등의 감각을 느끼는 일차적인 마음의 감수작용입니다.

상온은 외부로부터의 사물을 마음 속에 받아들이고 그것을 상상해 보는 마음의 요소를 말합니다. 예를 들어 좋은 것은 받아들이고 싫은 것은 배척하는 등의 마음작용을 상온이라 합니다. 상온은 일종의 지각知覺작용을 말합니다. 느낌이나 감각의 인상을 머릿속에서 정리하는 표상表象작용을 일컫는 것입니다.

행온은 인연으로 생겨나서 시간적으로 변하는 마음의 작용을 말합니다. 즉 앞에서 받아들인 마음의 작용이 계속 이어지는 상태를 행온이라 합니다. 행온은 분별한 감정을 생각으로 굴려서 마음의 행위를 계속 이어나가는 의지와 행동작용을 말합니다. 또한 잠재적이고 무의식적인 충동력을 행온이라 합니다.

식온은 의식하고 분별해서 아는 마음의 인식작용을 말합니다. 또한 식온은 모든 인식의 주체가 되는 마음의 작용을 이르는 말입니다. 다시 말해서 모든 인식을 한꺼번에 일컫는 것이 식온입니다.

오온의 다섯 가지 중에서 수·상·행·식의 네 가지 정신작용은 아주 미묘해서 정확하게 선을 그을 수 없습니다.

오온에서 색온은 인간의 육신에 해당되는 부분이고, 나머지 수온·상온·행온·식온은 인간의 정신적인 면에 해당됩니다. 인간의 정신작용은 육체보다 훨씬 복잡하기 때문에 세분되어 나누는 것입니다.

오온을 쉽게 풀이하면 '몸과 마음'이 됩니다. 인간은 이 다섯 가지 작용 때문에 인간으로 구성되는 것입니다. 오온은 불교의 인간관人間觀입니다. 불교에서는 인간을 오온으로 관찰합니다. 오온 중에서 수·상·행·식의 작용은 복잡하고 연쇄적으로 진행되고 있습니다.

예를 들어 어떤 물건을 산다고 했을 때 먼저 좋다, 나쁘다의 수온작용이 일어납니다. 그런 상상의 끝에 가면 물건을 사게 되는데, 그것은 행온작용입니다. 이어서 식온이 일어나는데 그것은 그 물건에 대해 관찰하고 어떻게 쓸 것인가 하는 등의 구상작용을 말합니다.

계속해서 **개공**은 '텅 비었다'는 뜻으로 풀이할 수 있습니다. 서론에서도 잠깐 살펴보았지만 여기서 **공**에 대한 설명을 좀더 자세히 부연해 보도록 하겠습니다.

공에는 두 가지 성질이 있습니다. 그것은 불변성不變性과 가변성可變性입니다. 불변성은 그대로 진眞의 차원이고, 가변성은 여如의 차원입니다.

예를 들어 꿈을 꾼다고 했을 때, 꿈을 깨고 나면 꿈속에서 일어났던 일은 온데간데없고 그대로 이불 속에서 편안히 누워 있는 상태는 진의 차원입니다. 반대로 꿈 속에서 꿈을 꾸는 동안 온갖 장애가 일어나는 것은 여의 차원입니다.

본문의 **오온개공**도 위의 두 가지 입장에 비추어 설명할 수 있습니다. 하나는 **오온** 그 자체가 그대로 공이며 진眞이라는 입장입니다. 다시 말해서 **오온**은 영원불변한 것의 한 표현입니다.

또다른 하나는 **오온**은 가변적이어서 환영적幻影的이며 비실재적非實在的인 것이라는 차원입니다. 이것은 여如의 입장입니다. 대부분 **오온개공**을 가변적인 입장에서 해석하고 있습니다. 그러나 공에 대한 다른 해석도 있다는 것을 이해할 필요가 있습니다.

존재의 실상 그대로가 **공**이기 때문에 **공**에 대한 완전한 설명은 매우 어려운 것입니다. 거듭 강조하지만 공이라고 해서 아무것도 없이 텅 빈 것은 아닙니다. 그렇다고 해서 있는 것은 더욱 아닙니다. 유有와 무無를 초월한 존재의 실상이 바로 **공**입니다.

조견오온개공, 즉 '몸과 마음을 텅 빈 것으로 비춰 본다'는 것은 현상적으로는 나라고 하는 존재가 있는 것처럼 보이지만 그 실상은 자아自我가 없다는 것입니다. 다시 말해서 인간의 존재를 한꺼풀 벗겨놓고 보면 몸과 마음이 텅 비었다는 것입니다.

이것을 좀더 쉽게 이해하기 위해서 하나의 비유를 들어 설명해 보겠습니다.

우리가 꼭두각시 인형 놀음을 보고 있으면 온갖 희노애락이 그 속에 다 담겨 있는 것처럼 보입니다. 그러나 장막을 걷어 버리면 인형들의 희노애락은 한낱 손놀림에 지나지 않았다는 것을 알게 됩니다.

우리의 인생이 모두 그런 모습을 하고 있는 것입니다. 존재의 실상은 그대로 텅 빈 것인데도 불구하고 집착과 아집에 가려 인형들의 놀음이 전부인 것처럼 보이는 것입니다. 아무리 괴로움에 가득 차 있다고 해도 몸과 마음이 텅 빈 것이라고 한다면 괴로움은 존재하지 않는 것입니다. 그래서 자기 자신의 몸과 마음이 무심無心의 경지에 들게 될 때 문제는 이미 문제가 아닌 것입니다.

존재의 실체를 텅 빈 것으로 바로 아는 일이 곧 반야입니다.

근본이 텅 빈 것이라고 해서 허무하거나 무상한 것이 아닙니다. 텅 비었다는 것은 무한히 변화, 발전할 수 있다는 말입니다.

우리의 몸과 마음이 텅 비었을 뿐 아니라 일어나는 모든 현상들의 실상 또한 텅 빈 것입니다. 자기 자신을 위시해서 주위에서 일어나는 모든 문제들은 감정이 그 현상에 집착하기 때문에 발생합니다. 다시 말해서 우리의 감정이 영원한 것인 양 착각하여 탐·진·치 삼독三毒이 눈덩이처럼 불어나는 것입니다.

흔히 자존심을 건드려서 감정이 일어난다고 말합니다. 자존심이란 바로 자기 자신에 대한 집착입니다. 자존심이 마치 자기 자신인 것처럼 생각하고 그것이 습관화된 경우가 많습니다. 다시 말해서 삼독심으로 가득 차 있어서 다른 어떤 것도 그 안에 들어갈 틈이 없게 되어버린 것입니다. 자기라고 하는 아집으로 꽉 막혀 있을 때에 다른 것이 비집고 들어가게 되면 상처를 받게 되는 것입니다.

그러나 문제를 해결하려면 우리의 몸과 마음을 텅 빈 것으로 보는 지혜가 필요합니다. 존재의 법칙은 텅 빈 것이기 때문에 문제가 해결될 수 있는 것입니다. 존재의 실상이 텅 빈 것이라는 사실을 보다 명확히 이해하기 위해서 한 가지 예를 들어 보겠습니다.

하나의 접시가 있다고 할 때 겉모양으로 보면 빈틈이 없는 것처럼 보입니다. 하지만 접시의 구성을 물리학적으로 관찰하면 분자와 분자가 결합된 것임을 알 수 있습니다. 그런데 분자와 분자 사이의 공간이란 우리가 상상할 수 없을 정도로 넓은 거리입니다. 분자와 분자 사이의 거리를 쉽게 이해하자면 그것은 지구와 태양의 거리보다 훨씬 더 길고 넓다는 것입니다. 그렇게 먼 거리를 분자와 분자의 인력에 의해 서로 끌어당기고 있는 것입니다.

우리의 안목은 분자와 분자 사이의 인력 때문에 마치 접시가 꽉 차 있는 것처럼 보이지만 실제로는 그렇지 않은 것입니다.

또 다른 하나의 예로 물을 들 수 있습니다. 물이야말로 아무런 공간이 없는 것처럼 보입니다. 바람이 불면 부는 대로 출렁거립니다. 물은 겉으로 보기에는 꽉 차 있어서 그 어떤 것도 비집고 들어갈 틈이 없는 것처럼 보입니다.

그러나 물의 분자와 분자 사이에는 다른 것이 들어갈 공간이 충분히 있는 것입니다. 우리가 잘 마시는 청량음료는 물의 분자와 분자 사이에 탄소가 들어가 있습니다. 병뚜껑을 열면 탄소 거품이 위로 솟아오르는 것을 볼 수 있습니다. 일정한 양의 물 속에 탄소를 집어넣어도 물의 양은 변함이 없었던 것입니다.

요즈음의 과학에서는 분자를 나누어서 미립자, 소립자까지도 분리합니다. 어떤 물질이든지 아무리 작게 나누어도 또 나눌 것이 남아 있는 것입니다.

이처럼 이 세상에 존재하는 모든 것은 겉으로 보기에는 빈틈이 없는 것 같지만 사실은 텅 빈 공간이 있습니다.

우리의 육신과 정신세계도 마찬가지입니다. 우리의 인생살이는 저마다 다릅니다. 자기 자신의 안목대로 인생을 살기 때문에 각양각색의 인생이 펼쳐지는 것입니다. 자만과 아집으로 가득

찬 인생은 시시각각으로 문제를 일으킵니다.

조견오온개공의 안목으로 볼 때 근본적인 문제 해결이 가능합니다. 다시 말해서 우리의 몸과 마음을 텅 빈 것으로 바라보는 지혜가 생겨날 때, 삶은 더욱 발전되는 것입니다.

성공적인 인생을 꿈꾼다면 몸과 마음을 텅 빈 것으로 바로 보아야 합니다. 궁극적으로 열반의 경지에 도달하고자 한다면, 작은 나에 집착하지 말고 큰 나로서의 삶을 살아가야 할 것입니다. 그러려면 몸과 마음이 텅 비어서 결국 공한 것으로 비춰 봐야 합니다. 성공적인 인생이 거기에 있습니다.

다음으로 **조견오온개공**의 결과가 **도일체고액**입니다. **도일체고액**의 뜻은 '일체의 괴로움을 건너간다'는 말입니다. 일체의 괴로움을 건너간다는 말은 결국 모든 문제가 완전히 해결된 상태를 뜻합니다.

도라는 말은 '건넌다', '초월한다', '제도한다'는 뜻으로 번역할 수 있습니다. 여기서 **도**란 괴로움의 세계에서 즐거움의 세계로 건너가는 도피안到彼岸의 의미로 받아들일 수 있습니다. 또 고통의 바다에서 허우적거리는 중생들을 건진다는 뜻으로 해석할 수도 있습니다. 결국 **도**의 의미는 일체의 문제가 완전히 해결된 상태를 말한 것으로 이해할 수 있습니다.

다음으로 **일체**라는 말은 '그 속에 모든 것이 다 들어 있다'는 뜻입니다. 불교에서는 **일체**라는 말을 잘 씁니다. **일체**의 의미를 보다 선명히 이해할 수 있는 일화 한 가지를 소개하겠습니다.

옛날에 어떤 스님이 길을 가다가 우연히 부부 싸움 하는 것을 목격했습니다. 그런데 그 스님은 갑자기 싸우는 부부 앞에 나아가 자기가 잘못했노라고 용서를 빌었습니다. 그들 부부는 생전 처음 보는 알지도 못하는 스님이 잘못했다고 하니 어이가 없었습니다. 그 스님은 세상에서 일어나는 일체의 문제 속에는 자기 자신도 포함된다고 말하는 것이었습니다.

여기서 **일체**라고 하는 것은 바로 그런 의미를 지닙니다. 어떤 일을 막론하고 이 세상에서 일어나는 그 모든 일은 **일체**라고 하는 말 속에 모두 포함되는 것입니다.

계속해서 **고액**을 현대적 의미로 해석하면 바로 '문제'라고 할 수 있습니다. 인간에게 있어서 문제는 시시각각으로 일어나는 것이며, 도처에 산재해 있습니다. 예를 들어 몸에 병이 나서 아픈 것도 문제이며, 남편의 승진도 문제이며, 자녀의 진학도 문제에 해당됩니다. 이러한 문제를 감당하지 못하면 마음은 늘 괴롭고 어두운 상태가 됩니다. 문제란 우리에게 아프고 쓰라린 강물과 같습니다.

이 세상을 살아가는 동안 **고액**은 넘고 또 넘어야 할 거대한 산과 같으며, 건너고 또 건너야 할 엄청난 강입니다. 또 **고액**은 우리의 기억 속에서 완전히 사라지기 전까지 뇌리에 남아서 우리를 괴롭힙니다. 이러한 **고액**을 극복하기 위해서는 지혜가 필요합니다. 그 지혜는 몸과 마음이 텅 빈 것이라는 존재의 실상을 꿰뚫어 보는 안목을 말합니다.

우리에게 아무리 아프고 괴로운 일이 있다고 해도 자신의 몸과 마음이 텅 비어서 없다고 한다면 그것은 이미 괴로움이 아닌 것입니다. 즉 괴로움의 실체가 없는 것입니다. 존재의 실상이 공하다는 인식에서는 일체의 고통이 저절로 사라지고 맙니다.

반야에 대한 확고한 이해가 없다면 우리의 삶은 끝없는 상처로 얼룩질 것은 불 보듯 뻔한 일입니다. 캄캄한 밤길에 혼자 집으로 가려다 자칫 잘못하다가는 상처를 입게 마련입니다. 그러나 상처뿐인 캄캄한 밤길이 아닌 밝은 태양이 빛나는 길이 있습니다. 그것이 바로 존재의 실상이 공이라는 사실을 인식하는 반야의 길입니다.

존재의 실상을 지혜의 눈으로 환히 꿰뚫어 볼 때 비로소 모든 것들은 더 이상 문제가 되지 않으며, 우리에게 상처를 입히지도 못할 것입니다. 근본적인 문제 해결은 반야에 있음을 잊지 말아야 합니다. 그 반야는 곧 공에 대한 확실한 인식임은 더 말할 나위가 없습니다. 불교의 존재 목적은 보다 나은 행복한 삶을 누리는 데 있습니다.

『반야심경』의 공사상은 이론적인 논리를 전개하기 위한 것이 아닙니다. 다시 말해서 우리의 육신과 정신이 실제로 있느냐, 없느냐가 중요한 것이 아니라, **오온**이 어떤 모양으로 존재하느냐에 대한 이해가 더욱 중요합니다. 『반야심경』은 그 문제에 대한 명확한 해답을 제시하고 있습니다.

오온의 존재 양상이 바로 **개공**입니다. 다시 말해서 우리의 몸과 마음이 텅 빈 모양으로 존재하고 있다는 것입니다. 존재의 텅 빈 모양을 바로 이해하는 것이 곧 지혜이며, 그것이 문제 해결의 핵심임을 거듭 강조하는 것입니다.

불교에서 말하는 행복은 없는 즐거움을 가져오는 것이 결코 아닙니다. 있는 괴로움을 소멸하는 데서 행복은 저절로 찾아오는 것입니다. 우리의 몸과 마음을 텅 빈 것으로 보면 괴로움은 저절로 사라지고 거기에 진정한 행복이 존재하는 것입니다.

그 동안 우리는 있느냐, 없느냐의 문제에 매달려 잘못된 관념 속에 사로잡혀 있었습니다. 그러나 『반야심경』에서는 존재의 실상이 어떤 모양으로 있는지를 밝히고 있습니다.

하늘은 텅 빈 것처럼 보이지만 무수한 별들이 있습니다. 그런데 흔히 우리는 하늘이 텅 비어 있다고 생각합니다. 그와 마찬가지로 우리의 몸과 마음도 꽉 차 있는 것으로만 볼 것이 아니라 텅 빈 것으로 바라봐야 합니다. 모든 존재의 실상은 바로 그런 모습으로 있습니다.

서론에서도 언급했듯이 우리가 있다고 보는 것은 인연의 끈에 의해 잠시 있을 뿐입니다. 인연에 의해 잠시 존재하게 되는 이유 또한 공이기 때문에 가능한 것입니다.

우리의 슬픔이나 기쁨, 미움이나 성냄 등 일상사에서 일어나는 자질구레한 감정들도 인연에 의해 잠시 일어난 것에 불과합니다. 그것의 실체는 텅 비어서 없습니다. 한순간 감정을 만나면 영원히 있는 것처럼 착각하고 괴로워하는 것입니다.

중국의 현자인 장자莊子의 가르침 속에 "유인遊刃"이라는 말이 있습니다. 그 말뜻은 '칼을 가지고 자유자재하게 매우 잘 쓴다'는 것인데, 그 내용은 다음과 같습니다.

옛날에 소를 아주 잘 잡는 백정 한 사람이 있었습니다. 그는 소를 잘 잡기로 칭찬이 자자했습니다. 어느 날 왕에게까지 그 소문이 들어가게 되었습니다.

왕은 그가 어떻게 소를 잡는지 보려고 푸줏간으로 갔습니다. 그 백정은 소를 잡아 살을 뜨고 뼈를 가르는데 마치 곡조에 맞추어 춤추듯 하였습니다. 그 모습은 마치 하나의 예술로 승화되는 느낌이었습니다.

왕은 감탄한 나머지 그에게 칼을 멈추게 하고 어떻게 하여 소 한 마리를 그렇게 잘 가르는지를 물었습니다.

그는 처음에 백정이 되었을 때는 소가 한 덩어리로 보였다고 말했습니다. 그러다가 소 한 마리가 살과 뼈로 완전히 분해되어 보이더라는 것입니다. 그래서 마침내 소 한 마리를 잡을 때 완전히 분해된 상태에서 텅 빈 공간과 공간 사이를 지나면서 칼질을 한다는 것입니다. 마치 완전한 음악의 동작에 맞추어 텅 빈 공간을 따라 춤추듯 칼질한다고 해서 "유인"이라고 말하는 것입니다.

"유인"의 비유에서도 알 수 있듯이 소 한 마리의 진짜 모습은 무수히 많은 공간을 갖고 있습니다. 즉 존재의 실상은 꽉 차 있어서 아무 빈틈이 없는 것이 아니라 텅 빈 공간이 무수히 많은 것으로 보라는 것입니다.

백정은 소 한 마리를 볼 때 뼈와 살을 완전히 분해하여 텅빈 공간까지를 보았습니다. 텅 빈 것을 분해하기는 아주 쉬운 일입니다. 계속되는 훈련을 통해 도의 경지에 도달한 백정은 소 한 마리를 볼 때 처음부터 텅 빈 것으로 보았던 것입니다. 그렇기 때문에 칼날 하나 상하지 않고 소를 잡아서 고기를 잘라내는 것입니다.

우리의 몸과 마음은 물론이거니와 인생 자체도 그와 마찬가지입니다. 살아가면서 일어나는 일체의 것이 있다고 하는 데서 괴로움이 시작됩니다. 자의식自意識은 말할 것도 없고 사랑한다, 미워한다, 나는 있다, 이것은 내 것이다 등등의 소유의식은 그 연장선상에 많은 문제를 만들어냅니다.

하루아침에 이런 일체의 감정을 다 지워 버리기는 어렵겠지만 존재의 실상이 본래 텅 빈 공의 상태임을 확인하고 실천에 옮길 때 언젠가는 지혜의 눈이 열릴 것입니다. 그렇게 될 때 태양보다 밝은 광명으로 존재의 실상을 인식하게 되어 더 이상의 문제는 일어나지 않을 것입니다.

봄이 되면 잎이 무성하게 피는 듯 보이지만 곧 가을이 되면 하나 둘 잎이 지듯이 우리에게 일어나는 문제들 또한 영원한 것이 아닙니다. 우리의 삶과 죽음도 똑같은 이치입니다. 그 어떤 가르침보다 공의 가르침은 우리의 병을 치료하는 최상의 약이 됩니다.

이상에서 볼 때 조견오온개공 도일체고액은 바로 불교의 목적이며, 우리 인생의 길잡이인 것입니다. 이것이야말로 불교의 진수를 깨닫는 것이며, 불교 전체를 이해하는 열쇠가 됩니다. 그 나머지는 **조견오온개공 도일체고액**에 대한 부연 설명이라고 해도 될 만큼 이 구절은 대단히 중요합니다.

결국 『반야심경』의 주된 안목은 우리의 몸과 마음, 즉 육신과 정신세계를 텅 빈 것으로 관조하는 것입니다. 그렇게 할 때 모든 문제가 해결된다는 사실을 올바로 이해하고 또 명심해야 할 것입니다.

제 3 장

잘못된 인식을 바로잡다

하늘의 해와 달과 별은
모두 한 덩어리

사 리 자   색 불 이 공   공 불 이 색   색 즉 시 공
舍利子 色不異空 空不異色 色卽是空

공 즉 시 색   수 상 행 식   역 부 여 시
空卽是色 受想行識 亦復如是

사리자여, 색은 공과 다르지 않고 공은 색과 다르지 않다.

색은 곧 공이고 공은 곧 색이다.

수 · 상 · 행 · 식도 또한 이와 같다.

풀 이

사리자여, 그리고 모든 사람들이여, 이 몸을 위시한 모든 현상

계는 텅 빈 공과 다르지 않다. 텅 빈 공 또한 이 몸, 이 현상계와 다르지 않다. 그러므로 이 몸, 이 현상계는 그대로 텅 빈 공이고, 텅 빈 공 그대로 이 몸, 이 현상계인 것이다. 그리고 마음에서 일어나는 온갖 마음의 작용들, 느끼고 생각하고 그리고 그 생각을 발전시켜 가는 일과 모든 인식의 근본까지도 또한 텅 빈 공이요, 텅 빈 공 그대로 마음에서 일어나는 온갖 마음의 작용들 그대로다.

해 설

첫 구절의 **사리자**는 관자재보살과 함께 『반야심경』에 등장하는 인물입니다. 관자재보살이 반야바라밀을 실천하는 주체자라면 **사리자**는 반야바라밀에 대한 설법을 듣는 사람입니다. 이것은 곧 **사리자**로 하여금 관자재보살의 차원으로 끌어올리려는 의도가 있는 것입니다. 관자재보살의 차원이란 바로 완전한 지혜로 모든 문제가 해결된 경지를 나타내는 것입니다.

사리자는 범어로 사아리푸트라Śariputra라고 하는데 취자鷲子라고 번역합니다. 음音을 그대로 옮겨서 사리불舍利弗 또는 사리자舍利子라고도 말합니다. **사리자**는 부처님의 십대 제자 중에서 한 사람입니다. 그런데 여기서 **사리자**는 그냥 막연하게 부처님의 제자라서 부른 것은 아닙니다.

사리자는 부처님의 제자 중에서 지혜가 제일 높은 제자입니다. **사리자**는 직관지直觀智가 가장 뛰어난 제자입니다. 『반야심경』은 지혜의 말씀이기 때문에 지혜제일의 **사리자**를 등장시킨 것입니다. 여기에서 경전의 중심 내용과 등장인물이 일치되도록 구성되어 있음을 볼 수 있습니다.

다음에 나오는 **색불이공 공불이색**과 **색즉시색 공즉시색**은 앞의 **조견오온개공**의 내용과 연관지어 한번 더 부연해서 설명하는 중요한 대목입니다.

첫 구절인 **색불이공 공불이색**을 글자 그대로 해석하면, '색은 공과 다르지 않고, 공은 색과 다르지 않다'는 뜻입니다. 이것은 현상인 색과 존재의 본질인 공과의 관계를 사상적으로 표현한 대목입니다. 철학적 차원에서 볼 때 유한한 현상인 색과 무한의 본질인 공은 별개가 아닌 것입니다.

색은 오온 가운데서 첫번째에 해당됩니다. 이는 곧 육신에 대한 바른 견해가 우선되어야 함을 말합니다. 우리의 몸과 텅 빈 것은 둘이 아니라 하나로 이해해야 한다는 말입니다.

색이란 우리 몸을 구성하고 있는 지·수·화·풍의 네 가지 요소와 몸 밖의 현상계 일체를 구성하고 있는 지·수·화·풍의 네 가지를 함께 일컫는 말입니다. 우리의 몸이든 바깥 현상계이든 모두가 인연에 의하여 거짓 화합하여 잠깐 있는 듯이 보이는 까닭에 고정불변하는 실체는 없는 것입니다. 그러므로 우리의 몸은 본질상으로 볼 때 텅 비어 없는 것입니다.

계속해서 **색즉시공 공즉시색**은 **색불이공 공불이색**과 같은 맥락에서 이해할 수 있습니다. 그 뜻은 '색이 곧 공이고, 공이 곧 색이다'라는 말입니다. 이것은 현상인 색과 본질인 공에 대한 그 체험적 결과를 설명하는 구절입니다. 즉 현상인 색과 본질인 공은 서로 상반적相反的이며 동시에 상사적相似的인 것입니다.

색과 공이 둘이 아니라 하나라는 것은 인생과 우주를 더 넓게 바라볼 수 있는 유일한 것입니다. 색과 공의 관계는 물과 파도의 관계처럼 서로 분리될 수 없는 것입니다. 물이 공이라면 파도는 색에 비유될 수 있습니다.

색불이공 공불이색 색즉시공 공즉시색의 공식을 다른 비유로 대비시켜 볼 수도 있습니다. 예를 들어 하늘에 비유하면, '하늘은 텅 빈 것이다. 그 텅 빈 것은 하늘의 구름과 별과 해와 다르지 않고 똑같다'라는 의미로 이해할 수 있습니다. 하늘의 공간 속에는 구름과 해와 달과 별들이 모두 한 덩어리라는 말입니다. 텅 빈 공간 속에 없는 듯하지만 그 속에는 모든 것이 얽혀 있는 것입니다.

공의 본질을 명확히 밝힌 이 대목은 현실에 있으면서 현실에 집착되지 않고, 현실에 집착되지 않으면서 현실을 중요하게 인식하라는 메시지가 남긴 구절입니다. 단순한 현실 부정이나 현실 집착이 아니라 현실을 살아가되 자유자재한 경지를 말하는 것입니다.

색불이공 공불이색 색즉시공 공즉시색의 공식에는 다른 어떤 현상을 대입시켜도 모두 성립됩니다. 예를 들어 사랑의 감정을 대입시켜 보면, '애불이공愛不異空 공불이애空不異愛 애즉시공愛卽是空 공즉시애空卽是愛'가 됩니다. 이것은 '사랑은 공과 다르지 않고 공은 사랑과 다르지 않다. 사랑은 곧 공이고, 공은 곧 사랑이다'라는 말로 이해할 수 있습니다. 즉 사랑과 공은 결국 하나인 것입니다.

이어서 **수상행식 역부여시**는 '느낌과 생각과 의지작용과 의식도 그와 같이 실체가 없다'는 뜻입니다. **수상행식**은 오온 가운데 정신적인 네 가지 양식에 해당됩니다.

우리의 육신을 위시해서 정신작용 또한 텅 빈 것이며, 텅 빈 것 또한 마음의 작용인 것입니다. 우리에게 일어나는 온갖 감정들은 **수상행식**의 영역 속에 모두 포함되어 있습니다. 잡다하게 일어나는 감정을 텅 빈 것으로 바라보는 것입니다.

이 대목에서도 결국 공에 대한 올바른 인식으로 지혜의 눈뜸을 강조하고 있습니다. 우리가 지혜의 눈만 뜬다면 사물 하나하나, 사건 하나하나가 그대로 진리가 될 수 있습니다. 또 지혜는 그 어떤 상황도 극복할 수 있게 합니다.

성공적인 인생, 사람답게 살아가는 길이 바로 지혜에 있습니다. 지혜는 곧 모든 것을 텅 빈 것으로 보는 일입니다. 진정한 행복을 얻고자 한다면 돈이나 명예를 통해서가 아니라 공의 실체를 파악하여 반야의 지혜로써만 가능하다는 것을 잊지 말아야 합니다.

모든 것은 언제나 그대로다

사리자 시제법공상 불생불멸 불구부정 부증불감
舍利子 是諸法空相 不生不滅 不垢不淨 不增不減

사리자여, 이 모든 법의 공한 모양은
생기지도 않고 소멸하지도 않은 것이며,
더럽지도 않고 깨끗하지도 않은 것이며,
불어나지도 않고 줄어들지도 않은 것이다.

풀이

사리자여, 그리고 모든 사람들이여, 앞서 말한 몸도 마음도 텅
비어 일체는 공한 것이니, 여기에는 새롭게 생기는 일이 있을 수

없고, 생기는 일이 없으므로 소멸도 있을 수 없다. 그러므로 더럽다느니 깨끗하다느니, 좋다느니 나쁘다느니 하는 것도 있을 수 없다. 아예 생기고 소멸하는 법이 없는데 무엇이 불어나고 줄어드는 일이 있겠는가. 우리가 보아온 모든 불어나고 줄어들고, 더럽고 깨끗하고, 생기고 소멸하는 일체의 현상은 실은 환상인 것이다. 꿈인 것이다. 우리의 진실생명에게 그런 일은 본래 없는 것이다.

해 설

이 대목은 공에 대한 참모습을 밝히는 부분입니다. 지혜 제일 **사리자**를 불러 주위를 환기시키며 공상空相을 설명하고 있는 것입니다.

제법이란 이 현상계의 모든 존재를 말합니다. **제법** 속에는 광물, 식물, 생물, 무생물을 비롯하여 인간까지 포함됩니다. 다시 말해서 형상을 가졌거나 자기 자신을 표현하고 있는 모든 것을 가리켜 **제법**이라고 합니다. 여기서 **법**이란 진리라는 뜻보다는 그냥 일반적인 사물을 나타내는 말로 받아들여야 합니다.

제법의 본질이 곧 **공상**입니다. 즉 **제법**은 공한 모양을 하고 있는 것입니다. 현상계의 모든 존재는 그 자체로서 본질적으로 텅 빈 것입니다. 공의 본질 속에는 모든 것을 흡수함과 동시에 표상表相으로 확산시키는 상반된 작용을 갖고 있습니다.

이 세상에 존재하는 모든 현상의 공한 모양은 바로 다음으로 이어지는 **불생불멸**이며, **불구부정**이며, **부증불감**입니다. 이것은 곧 '생도 아니고 멸도 아니며, 더러움도 아니고 깨끗함도 아니며, 더함도 아니고 덜함도 아니다'라고 해석할 수 있습니다.

여기에 나오는 세 가지 상대 개념은 이 세상의 모든 상대를 대표한다고 할 수 있습니다. 이 속에는 남·녀, 남·북, 밤·낮, 좌·우, 노·소, 노·사 등 온갖 상대 개념이 다 포함됩니다.

일체법一切法이 존재하는 모양은 바로 공이기 때문에 생도 아니고 멸도 아니며, 깨끗함도 아니고 더러움도 아니며, 더함도 아니고 덜함도 아닌 것입니다.

우선 **불생불멸**의 의미를 새겨 보면, 현상계의 모든 존재는 본질에 있어서 생성生成과 소멸消滅이 없다는 것입니다. 이 말은 곧 모든 현상은 생할 수도 있고, 멸할 수도 있다는 사실이 이면에 숨어 있습니다. 왜냐하면 본래 공이기 때문입니다. 곧 **불생불멸**은 **역생역멸**亦生亦滅과도 통하는 말입니다.

불교에서 **불생불멸**은 매우 중요하게 다루어지고 있습니다. 대승경전의 대표되는 가르침이라 불리우는 『화엄경』·『법화경』·『반야심경』에서는 공통적으로 존재의 실상에 대해 밝히고 있습니다.

『화엄경』에서는 "일체법불생一切法不生 일체법불멸一切法不滅"이란 표현을 쓰고 있습니다. 이 말은 곧 '모든 법은 생기지도 않고 없어지지도 않는다'는 뜻입니다.

『법화경』에서는 "세간상상주世間相常住"라는 표현을 쓰고 있습니다. 이 말 또한 '이 세상에 존재하는 모든 물체는 그 자체로서 영원히 존재한다'는 뜻입니다. 다시 말해서 모든 현상계는 생기지도 않고 없어지지도 않으며, 이 세간에 늘 그대로 있다는 의미입니다.

『반야심경』의 **제법공상 불생불멸**도 같은 맥락에서 존재의 본질을 명확히 밝힌 대목입니다. 존재의 본질을 보다 잘 이해하기 위해서 현대 과학의 이론을 도입해 볼 필요가 있습니다.

과학에서는 물질에 대한 세 가지 해결하지 못하는 점을 말하고 있습니다. 첫째, 질량은 완전히 없앨 수 없다는 것입니다. 둘째, 어떤 물체라도 그 근원은 알 수 없다는 것입니다. 셋째, 완전히 새로운 물체는 만들지 못한다는 것입니다.

이것은 곧 불교의 **공상**과 잘 들어맞는 이론입니다. **제법**의 공한 모양이 **불생불멸**인 것을 과학이 증명했다고 할 수 있습니다.

예를 들어 종이가 있다고 할 때 그것을 태우면 외형은 달라집니다. 종이를 태우면 에너지로 변하든지 재로 바뀌지만 완전히 없어지지는 않습니다. 어떤 모양으로든 우주 공간의 어느 곳에 존재하는 것입니다. 완전히 없어지지 않으니 **불멸**입니다. 그리고 그 어떤 작은 물질도 새로 만들어 낼 수 없으니 **불생**입니다.

이처럼 온 우주에 존재하는 모든 것은 얽히고 설켜서 잠깐 그러한 모습으로 나타났을 뿐입니다. 종이 한 장도 완전히 없애지 못하며, 또 새롭게 생기는 것이 아닙니다. 온갖 기계를 동원한다고 해도 종이는 못 없앱니다. 태운다고 해서 없어지는 것이 아닙니다. 종이를 태운 재는 없애지 못하며, 또한 허공 중에 날아간 에너지는 더 이상 없애지 못하는 것입니다. 그래서 **불멸**입니다.

또 이 세상에는 그 어떤 것도 새로운 것을 만들지 못합니다.

아무리 신소재라고 해도 그것은 이미 있던 물질을 화학적 반응으로 배합한 것에 불과합니다. 그래서 **불생**입니다.

이와 같은 이치를 터득하는 일이야말로 괴로움을 해결하는 유일한 방법임을 명심해야 합니다. **불구부정**도 같은 맥락에서 이해해야 합니다. **구**垢와 **정**淨은 '더럽다, 깨끗하다'의 뜻이지만 그 속에는 '좋다', '나쁘다'고 하는 선악의 의미도 포함되어 있습니다. **불구부정**의 본질은 좋은 것도 아니고 나쁜 것도 아닙니다. 그렇기 때문에 **불구부정**은 좋은 것도 되고 나쁜 것도 될 수 있습니다.

예를 들어 하나의 쇠붙이가 있다고 할 때, 그것이 시계가 되면 좋은 것이 되지만, 무기가 되면 아주 나쁜 것이 됩니다. 또 인도에서는 사람이 타는 차에 소가 함께 타고 갑니다. 그러다가 소가 차 안에 분비물을 배설해도 더러운 것이라곤 생각하지 않습니다.

자신의 인식에 따라 모든 것이 다르게 보이는 것입니다. 자신의 기준으로 보면 좋은 것도 있고 나쁜 것도 있지만 다른 기준으로 보면 그렇지 않습니다. 그러니까 **불구부정**인 것입니다.

불교에서는 모든 것은 마음이 만들어낸다는 뜻에서 일체유심조一切唯心造라는 표현을 잘 씁니다. 마음의 본질이 텅 빈 것이므로 거기에서 모든 것이 만들어지는 것입니다. 일체유심조가 되는 이유가 바로 존재의 실상이 공한 것이기 때문에 가능한 것입니다.

부증불감은 '더한 것도 아니고 또한 덜한 것도 아니다'는 뜻인데, 이것 역시 같은 맥락에서 생각할 수 있습니다. **부증불감**도 본질에 있어서 더한 것도 아니고, 덜한 것도 아니기 때문에 더하기도 하고, 덜하기도 하는 것입니다.

예를 들어 세상의 저쪽에서 아무리 큰 홍수가 일어나도 지구 전체의 수분 양에는 변함이 없습니다. 또 경상도 사람이 전라도로 이주해 간다고 해도 전체로 볼 때는 아무런 변동이 없는 것입니다.

불생불멸 불구부정 부증불감은 바로 물질을 위시해서 우주와 마음의 존재 법칙입니다. 다시 말해서 제법의 공한 모양이 **불생불멸**이며, **불구부정**이며, **부증불감**인 것입니다.

태양을 쫓아가 보면 태양만 떴다, 졌다 하는 것이지 공간은 아무런 변화가 없습니다. 공간은 언제나 그대로 존재합니다. 그것이 존재의 본질입니다. 또 더위를 생각할 때도, 그것은 존재하는 것이 아닙니다. 인연에 의해 잠시 더워졌을 뿐이지 인연이 다하면 더위는 사라지고 마는 것입니다. 본질 그 자체는 텅 빈 것으로 존재하는 것입니다.

그와 마찬가지로 우리의 마음자리 또한 생도 아니고 멸도 아닙니다. 다만 인연에 따라 생하기도 하고 멸하기도 하는 것입니다. 미운 생각, 고운 생각, 아픈 생각, 그리운 생각 등 시시각각으로 일어나는 우리의 마음자리를 추적해 보면 그 근본자리는 없는 것입니다. 텅 비어 있는 것입니다.

한순간 생각을 일으키지만, 가만히 생각의 뿌리를 추적해 들어가면 도저히 찾을 길이 없는 것입니다. 그 생각의 뿌리는 텅 비어서 없는 것입니다. 수행이 부족해서 못 찾는 것이 아니라 근본적으로 없기 때문에 못 찾는 것입니다. 우리의 마음자리는 텅 빈 모양을 하고 있기 때문에 찾을 수가 없습니다.

결국 아무것도 없는 데서 숱한 생각이 일어나는 것입니다. 하루동안 분별하고 인식하며 일어나는 생각의 양을 형상으로 만든다면 아마 엄청날 것입니다. 그러나 생각은 아무런 형체도, 뿌리도 없으므로 그런 것을 만들지 못하는 것입니다. 그것이 곧 **불생불멸 불구부정 부증불감**입니다.

마음이란 참으로 불가사의해서 얼마든지 생각을 일으키지만 그 근본은 텅 비어서 찾을 수 없습니다. 마음만 그런 것이 아니라 제법이 모두 그와 같이 공한 모습을 하고 있는 것입니다.

불생불멸 불구부정 부증불감은 공의 실상을 파악하는 실마리가 되는 중요한 대목입니다. 자신의 입장만을 고집할 때 생이 있고, 멸이 있는 것이지 상대의 입장에서 보면 생도 없고, 멸도 없습니다. 이 대목에서도 결국 현상계의 본질이 공하다는 불변의 법칙을 거듭 강조하고 있는 것입니다.

몸과 마음은 분리될 수 있다

시고 공중무색 무수상행식
是故 空中無色 無受想行識

이러한 까닭에 공에는 색이 없으며
수·상·행·식도 없다.

풀이

지혜의 눈으로 바라본 우리의 진실 생명에는 온갖 문제투성이
의 이 몸과, 그리고 일체 현상과, 그에 따른 인간의 숱한 감정들
은 텅 비어 아무것도 없는 것이다.

해 설

여기서는 앞에서 설명한 **오온개공**과 같은 맥락에서 이해할 수 있습니다.

오온, 즉 색·수·상·행·식이 공하기 때문에 색·수·상·행·식은 없는 것입니다. 색은 곧 몸이며, 수·상·행·식은 정신작용을 말합니다. 그래서 색·수·상·행·식은 우리의 몸과 마음이 됩니다.

오온 중에서 색만 존재하면 그것은 시체에 불과합니다. 또 수·상·행·식의 정신만 존재하면 귀신이 되는 것입니다. 육체와 정신이 하나로 결합될 때 비로소 완전한 인간이 되는 것입니다.

이처럼 인간의 몸과 마음이 분리될 수 있는 것도 **오온개공**이기 때문에 가능한 것입니다. 불교에서 자기가 없다는 뜻의 무아 無我의 개념도 **오온개공**이기 때문에 그런 것입니다.

앞에서도 여러 번 설명했듯이 색은 인간의 육신을 위시해서 모든 물질적인 것을 통틀어서 말합니다. 수·상·행·식은 일련의 정신작용을 말합니다.

이 **오온**의 공한 모습을 바로 아는 것이 자기 자신의 본래 모습을 올바로 인식하는 일입니다. 자기 자신이 엄연히 살아서 움직이는데 없다고 하는 것은 공한 모양으로 있기 때문이라는 것을 알아야 합니다.

예를 들어 기차를 타고 가면서 창 밖을 보면 밖의 물체가 끝없이 뒤로 움직이는 것처럼 느껴집니다. 그러나 그것은 밖의 물체가 움직이는 것이 아니라 기차가 움직이는 것입니다. 일종의 착각 현상이 일어나는 것입니다.

그와 마찬가지로 우리의 착각, 곧 우리의 업식業識 작용 때문에 우리의 몸과 마음이 영원히 살아 있는 것처럼 보이는 것입니다. 그러나 존재의 본래 모습은 텅 빈 것이며, 그것은 색도 없고 수·상·행·식도 없는 것입니다.

공 가운데는 색도 없고 수·상·행·식도 없지만, 그래서 인연이 결합하는 순간 색도 될 수 있고, 수·상·행·식도 될 수 있는 것입니다.

인간의 구성 요소는
따로 존재하지 않는다

무 안 이 비 설 신 의 무 색 성 향 미 촉 법
無眼耳鼻舌身意 無色聲香味觸法

안·이·비·설·신·의도 없으며,
색·성·향·미·촉·법도 없다.

풀이

우리들이 나라고 하는 것은 결국 눈과 귀와 코와 혀와 몸과 생
각뿐이다. 그러나 지혜의 눈으로 나의 실상을 바라보았을 때, 우
리가 그 동안 나라고 생각했던 그 눈·귀·코·혀·몸·생각,
이 모두는 텅 비어 아무것도 없는 것이다.

뿐만 아니라 그 눈·귀·코·혀·몸·생각들의 대상이 되는
물질·소리·향기·맛·촉감, 그리고 법 또한 텅 비어 아무것도
없다. 나의 주관이라고 할 수 있는 안·이·비·설·신·의가
없는데 그 객관적 대상인 색·성·향·미·촉·법이 어디에 있
겠는가. 모두가 텅 비어 아무것도 없음은 너무도 밝은 이치이다.

해 설

여기서는 불교의 근본 교리에 해당하는 육근六根과 육경六境에
대한 부정인데, 먼저 육근과 육경에 대한 이해가 있어야 합니다.

육근은 여섯 가지 주관적인 인식작용을 말합니다. 그것은 곧
안·이·비·설·신·의입니다. 육경은 여섯 가지 인식 대상인
객관을 말합니다. 그것은 곧 **색·성·향·미·촉·법**을 가리킵
니다.

육근이 있으므로 육경이 존재합니다. 육근에 의해 외부로부터
사물을 받아들이는데, 육근의 대상으로서 육경이 있습니다. 이
것은 다시 말해서 육근인 눈·귀·코·혀·몸·생각의 여섯 가
지를 통해서 눈의 대상인 물질, 귀의 대상인 소리, 코의 대상인
냄새, 혀의 대상인 맛, 몸의 대상인 촉감, 생각의 대상인 일체법
을 말하는 것입니다. 즉 빛과 소리와 냄새와 맛과 촉감과 지각하
는 여섯 가지 작용은 앞의 육근이 있어야만 비로소 성립되는 것
들입니다.

육근과 육경을 합하여 십이처十二處라고 합니다. 이것은 곧 눈
을 통해 형체와 빛깔을 보고 귀를 통해 소리를 듣고, 코를 통해

냄새를 맡고, 혀를 통해 맛을 느끼고, 몸을 통해 촉감을 느끼고, 의식을 통해 지각하는 일을 하는 것입니다. 십이처를 통해 생존을 영위하는 것입니다.

육근의 주관적인 인식 능력과 육경의 객관적인 인식 대상이 만나서 하나의 현상을 이루는 것이 십이처입니다. 육근과 육경이 만나지 않으면 아무것도 인식할 수 없습니다. 눈이 없다면 볼 수 없고, 귀가 없다면 들을 수 없고, 코가 없다면 냄새를 맡을 수 없고, 혀가 없다면 맛을 느낄 수 없고, 몸이 없다면 감촉할 수 없고, 의지가 없다면 지각할 수 없습니다. 결국 우리는 십이처의 굴레 속에서 움직이고 있는 것입니다.

『반야심경』에서는 십이처가 없다고 말하고 있습니다. 왜냐하면 공이기 때문입니다. 공은 **불생불멸**이기 때문에 십이처가 따로 존재하는 것이 아닙니다. 반야바라밀을 실천하는 것에는 육근과 육경, 즉 십이처까지 없는 것입니다.

이처럼 불교 철학에서는 모든 존재를 개별적 구성 요소로 분석하고, 그것을 다시 결합하여 하나의 현상으로 나타내고 있습니다. 이들 구성 요소와 현상들은 어떤 흐름을 형성합니다. 마치 거대한 광산에서 여러 가지 서로 다른 금속을 빼내듯이 인간의 구성 요소를 철두철미하게 분석하는 것입니다.

인식 작용이란 본래 없는 것

무 안 계 　 내 지 　 무 의 식 계
無眼界 乃至 無意識界

눈의 세계도 없으며 내지 의식의 세계까지 없다.

풀 이

눈과 눈의 대상인 물질과 그 사이에서 일어나는 인식의 작용, 이것을 합해서 눈의 세계라고 한다. 이 눈을 중심으로 하여 벌어지는 모든 세계는 지혜의 눈으로 조명해 보면 텅 비어 아무것도 없는 것이다. 이와 같이 귀의 세계, 코의 세계, 혀의 세계, 몸의 세계, 뜻의 세계까지도 역시 텅 비어 아무것도 없는 것이다.

해 설

여기서는 십팔계十八界의 부정을 말하고 있습니다. 십팔계는 앞의 육근과 육경, 즉 십이처에 육식六識이 합하여진 것입니다. 육근과 육경은 앞에서 살펴보았습니다.

육식은 육근과 육경 사이에서 도출되는 인식작용을 말합니다. 눈으로 색을 보아서 식별하는 것이 안식계眼識界이며, 귀로 소리를 듣고 식별하는 것이 이식계耳識界이며, 코로 냄새를 맡고 식별하는 것이 비식계鼻識界이며, 혀로 맛을 보고 식별하는 것이 설식계舌識界이며, 몸으로 촉감을 느끼고 식별하는 것이 신식계身識界이며, 의지로 지각을 느끼고 식별하는 것이 의식계意識界입니다.

육식은 하나의 의식현상입니다. 이러한 의식의 형태는 일반적인 수준의 존재 차원에서만 가능합니다. 보다 높은 무색계無色界의 차원에서는 이러한 감각의식들이 서서히 소멸되어 갑니다.

본문에서 **무안계 내지 무의식계**라고 한 것은 십팔계를 줄여서 한 말입니다. **내지**라는 말 속에는 안계와 의식계를 뺀 나머지 열여섯 가지가 생략되어 있는 것입니다. 불교에서는 색·수·상·행·식의 오온과 육근, 육경을 합한 십이처와 육근, 육경, 육식을 합한 십팔계를 삼과三科라고 말합니다. 과거와 미래를 포함한 현재의 모든 사람들은 누구나 이 삼과설三科說의 복잡한 심리적인 과정을 거칩니다.

공의 세계에서는 이 십팔계가 본래 없다고 역설하고 있습니다. 존재의 본질이 공이기 때문에 십팔계가 본래 없다는 것입니다. 이 말을 바꾸어 이해하면 본래 공이기 때문에 십팔계는 항상 일어나고 있는 것입니다.

육식에서 좀더 깊이 들어가면 제7식識과 제8식識까지 이해할 수 있습니다. 제7식은 앞의 6식과 제8식의 중간 단계이며 보다 중요한 것은 제8식입니다.

제8식은 '갈무리한다'는 뜻의 장식藏識이라 불리고 혹은 '없어지지 않는다'고 해서 무멸식無滅識, 무몰식無沒識이라고 불립니다. 제8식은 육근과 육경과 육식에 의해 훈습熏習되어온 온갖 것들이 갈무리되어 저장되는 곳입니다. 그래서 제8식은 속마음, 잠재의식, 무의식, 심층의식 등으로 불리웁니다. 그와 반대로 육식은 보고 듣는 것이 표면에 드러나는 것이므로 겉마음, 표층의식이라고 하는 것입니다.

우리가 보고, 듣고, 맛보고, 냄새 맡고, 의식하는 일체의 것은 하나의 종자가 되어 모두 제8식에 심어집니다. 그러다가 어떤 계기로 제8식까지 충격이 전해지면 거기서 싹이 터서 표면으로 되살아나는 것입니다. 우리가 기억이나 작업, 훈련, 연습 등의 일을 되풀이하는 동안 그 모든 것은 제8식에 쌓이는 것입니다.

이를테면 우리가 복덕을 짓는 것도 제8식에 모두 갈무리됩니다. 공부를 열심히 하는 것도 하나의 종자가 되어 제8식에 심어집니다. 나쁜 습관도 제8식에 갈무리되기 때문에 자꾸 그 일이 반복되어 되살아나는 것입니다. 그래서 나쁜 습관을 고치기가 어려운 것입니다.

좋은 종자를 심어 놓으면 좋은 싹이 나듯이 좋은 습관을 길들이면 그것이 자기의 것이 됩니다. 우리가 재미있는 영화 한 편을 볼 때는 아무런 잡념 없이 빨려 들어가기 때문에 그대로 제8식에 박혀 버리는 것입니다. 그래서 영화의 한 장면도 놓치지 않고 기억해 내는 것입니다.

그와 반대로 공부할 때는 온갖 잡념을 다 일으키기 때문에 그런 뒤엉킨 상태로 갈무리되면 좋은 종자가 심어지지 못하는 것입니다. 정신이 밝은 상태에서 행한 일이 기억이 잘 되는 이유가 그 때문입니다. 그래서 좋은 것을 훈습하는 일이 중요합니다. 좋은 것은 익숙해질 때까지 훈습할 필요가 있습니다. 아는 것도 자꾸 듣고 보고 공부하다 보면 훈습이 되어 제8식에 좋은 종자로 갈무리되는 것입니다.

악한 지식과 악한 알음알이라는 뜻으로 악지악각惡知惡覺이란 말이 있습니다. 세속적인 잡다한 지식에만 치우쳐 있는 것을 이르는 말입니다. 우리는 이것 저것 불필요한 지식으로 제8식을 가득 채우는 경우가 많습니다. 그렇게 되면 좋은 종자를 갈무리할 틈이 없어지는 것입니다.

제8식을 다른 말로 아뢰야식阿賴耶識이라고도 합니다. 그런데 이 제8식은 일반적으로 말하는 대뇌가 아닙니다. 대뇌는 인식을 발동시키는 조건이 됩니다. 그렇기 때문에 제8식에 좋은 것을 갈무리해야만 대뇌를 통하여 좋은 것이 싹터 나올 수 있는 것입니다.

제8식에 갈무리된 것이 다시 나타나는 것을 현행現行이라고 말합니다. 정도의 차이는 있지만 아뢰야식, 즉 제8식에 갈무리되어 있는 것을 현행해 내지 못하는 것도 엄밀히 말해서 뇌손상이라고 할 수 있습니다.

어릴 때는 제8식에 심어진 종자가 거의 백지에 가깝기 때문에 뭐든지 잘 기억할 수 있습니다. 다시 말해서 하나의 종자가 심어지면 먹물을 찍듯 선명하게 되는 것입니다. 그러나 나이가 들수록 기억이 잘 안 되는 것은 제8식이 가득 찼기 때문입니다. 마치 글씨가 가득 차 있는 신문지에는 그 위에다 무엇을 써 놓아도 선명하게 떠오르지 않는 것과 같습니다. 그러나 훈습을 통해서 여러 번 반복하다 보면 보다 분명히 심어질 수 있습니다.

제8식에 심어진 종자는 기억으로 되살아나지 않더라도 업이 되어 제8식 속에 모두 갈무리됩니다. 그렇기 때문에 복을 짓거나 참선을 하거나 수행을 통해 지혜를 닦아 놓으면 언젠가는 마음의 본질을 깨닫게 되는 것입니다.

제8식과 육식의 경계선은 명확하게 그어져 있는 것이 아닙니다. 하나로 연결되어 있습니다. 육식, 즉 표층의식이라고 하는 것은 제8식, 즉 심층의식에 비하면 빙산의 일각에 지나지 않습니다.

심층의식 속에 있는 것을 자기 것으로 활용하는 사람은 무한한 힘을 발휘할 수 있습니다. 그 힘은 기도나 참선, 수행을 통해 개발이 가능합니다. 보통 사람은 육식의 작용에 그치는 수가 많습니다. 그러나 수행력이 높은 사람은 잠재의식에 내재된 힘을 끌어내어 자기의 것으로 만드는 것입니다.

신身·구口·의意 삼업三業을 통해 이루어진 모든 것은 전부 제8식에 갈무리되기 때문에 함부로 행동해서는 안 됩니다. 그것이 엄청난 업장이 되기 때문입니다. 제8식은 우리가 육신을 버릴 때도 없어지지 않고 다음 생까지 연결됩니다.

우리가 태어나자마자 본능대로 움직일 수 있는 것도 전생의 업이 갈무리되어 있기 때문입니다. 어떤 사람이 그림에 천부적인 소질이 있다고 하는 것도 전생부터 익혀온 것이 제8식에 갈무리되었다가 현행한 것입니다.

다음 생에 자신이 하고 싶은 게 있다면 지금부터 열심히 훈습할 필요가 있습니다. 생각만 가지고는 아무것도 될 수 없습니다. 신·구·의 삼업을 통한 끊임없는 노력을 기울일 때 그것이 저축되어 꽃피고 열매 맺을 수 있습니다. 불교에서 나이를 따지지 않고 항상 젊게 살 것을 강조하는 이유가 거기에 있습니다.

제8식에 갈무리된 것은 인연을 만나면 언젠가는 움이 돋게 마련입니다. 자기 자신이 하고 싶은 일이 있으면 바로 시작해야 합니다. 그 순간이 출발점입니다. 가을에 추수를 하려면 봄에 씨를 뿌려야 하듯이 금생에 닦지 않으면 결코 거둘 수 없습니다. 제8식은 대단히 중요한 부분이므로 우리가 꼭 기억해서 이해하고 있어야 합니다.

다시 본론으로 돌아가서 『반야심경』에서는 육근과 육경과 육식, 즉 십이처와 십팔계를 모두 **무**라고 하여 부정했습니다. 그것은 공이기 때문에 **무**이며, 그래서 **유**가 가능한 것입니다. 여기서 말하는 **무**는 현재 존재하는 본질을 공으로 바로 인식하는 것을 말합니다.

『반야심경』에서 공의 도리를 밝힌 것은 결국 그 무엇이든 다 될 수 있다는 말입니다. 공이기 때문에 연기가 가능한 것입니다.

예를 들어 종이 한 장의 존재 법칙이 공이기 때문에 종이를 접어서 학도 만들 수 있고, 종이로 불쏘시개를 할 수도 있는 것입니다. 종이가 종이로만 고정되어 있다면 다른 아무것도 될 수 없습니다.

종이 한 장으로 깨달을 수도 있는 것이며, 종이 한 장 때문에 큰 싸움이 일어날 수도 있는 것입니다. 종이 한 장이 내포한 가능성은 무한하다고 할 수 있습니다.

공의 입장에서 말하는 **무**가 단순히 없는 것이라면 공부할 필요도 없고, 더 이상 노력할 필요도 없을 것입니다. 그러나 **무**는 그런 의미가 아닙니다. 공덕을 닦으면 그 공덕이 제8식 속에 스며들어 현행하는 것입니다. 또 지혜를 닦으면 지혜의 눈이 열려지는 것입니다.

무의 의미를 잘못 인식하게 되면 부정적인 것으로 오해하기 쉽습니다. 그래서 흔히 인생무상이나 허무를 생각하고 비관에 빠지는 수가 생깁니다.

그러나 본질적으로 **무**는 그와 동떨어진 의미를 갖고 있습니다. **무**라는 부정 속에는 강한 긍정이 숨어 있다는 것을 알아야 합니다. **무**의 철학 속에는 인생을 비관적으로 살아갈 것이 아니라 보다 적극적으로 활기차게 살아가라는 가르침이 들어 있습니다.

만약 지혜를 닦아도 열리지 않는다면 그것은 완공頑空이라고 해서 죽은 공이 되는 것입니다. 『반야심경』에서 말하는 무는 죽은 것이 아닙니다. 항상 살아서 움직이는 것입니다.

그것은 연기의 법칙과 연결되어 있습니다. 이 세상의 모든 현상은 똑같은 이치로 모두 설명될 수 있습니다. 이것이 바로 공의 이치이며, 연기의 법칙입니다.

예를 들어 우리가 공부를 하면 할수록 공부가 자꾸 쌓이고, 공덕을 지으면 지을수록 복덕을 누리는 이유가 바로 공과 연기의 법칙 때문입니다. 그래서 공은 연기와 불가분의 관계에 있는 것입니다.

아무것도 없다가도 있게 되며, 있다가도 없어지게 되는 이유도 존재의 실상이 공이며 그래서 연기의 법칙이 가능하기 때문입니다. 결국 모든 현상은 연기의 측면에서 생성, 변화, 발전, 소멸의 과정을 거치는 것입니다.

거듭 되풀이하지만 존재의 본질은 공입니다. 존재의 양상은 연기의 법칙에 의해 존재합니다. 다시 말해서 본질이 공이라면 현상은 연기인 것입니다. 모든 현상의 이해는 연기가 그 핵심입니다. 왜냐하면 본질이 공이기 때문입니다. 이 세상에서 일어나는 모든 현상은 연기의 법칙으로 다 풀어지게 되어 있습니다.

연기와 공에 대한 이해는 현상과 본질이라는 두 가지 측면을 동시에 이해할 때 비로소 완전할 수 있습니다. 불교에서 무라는 표현을 잘 쓰는 이유가 거기에 있습니다. 공의 이치에서 보면 지금 현재의 상태에서 더욱 발전할 수도 있지만 그 반대로 잘못하면 더욱 나빠질 수도 있습니다.

공에 대한 철저한 관조로써 지혜를 얻어 성공적인 삶, 행복한 삶을 누리는 것이 『반야심경』의 진정한 가르침입니다. 본질이 공이라는 사실은 바로 지혜로써 문제를 풀어나가는 열쇠가 되기 때문입니다.

마음먹는 그 순간이 시작이다

무무명 역무무명진 내지 무노사 역무노사진
無無明 亦無無明盡 乃至 無老死 亦無老死盡

무명도 없으며 또한 무명이 다함도 없으며,
내지 노와 사도 없으며, 또한 노와 사가 다함도 없다.

풀이

지혜의 눈으로 비춰 보았을 때 모든 것은 텅 비어 없는 것
이다. 인간의 생성과 소멸의 모든 과정 또한 텅 비어 없는 것
이다. 그러므로 무명이 없으며 무명의 다함도 없다. 행과 식과
명색과 육입과 촉과 수와 애와 취와 유와 생과 노와 사가 없으

며, 그것들의 다함도 없다.

인간이 태어나서 성장하고 늙어 죽어가는 모든 과정이 텅 비어 아무것도 없는 반야의 도리에서는 일체가 없는 것이다. 그리고 그 모든 과정의 다하고 끝남도 텅 비어 아무것도 없는 것이다.

해 설

이 부분에서는 십이연기에 대한 것을 부정하고 있습니다. 십이연기는 자기 자신에 대한 인연의 법칙을 상세히 분석해 놓은 것입니다. 여기서도 **내지**라는 말로써 그 하나하나의 항목을 모두 생략해 놓았습니다.

이 세상에 많은 인연이 있지만 그 가운데서도 자기 자신에 대한 것이 가장 중심이 됩니다. 우주 또한 자기 자신을 통해 있는 것이며, 이 우주의 주인은 곧 자기 자신입니다. 자기 자신의 인연으로부터 모든 인연이 성립되는 것이어서 십이인연은 중요한 것입니다.

인간에 대한 생성, 변화, 발전, 소멸의 연결고리를 열두 가지 과정으로 나타낸 것이 십이인연입니다. 이것은 곧 자신의 존재를 밝히는 중요한 대목입니다. 십이인연은 자기 자신의 전체 삶을 그려놓은 하나의 그림에 해당됩니다.

부처님께서는 이 십이인연을 관찰함으로써 깨달음을 이루었습니다. 부처님께서 6년 고행을 마치고 다시 명상에 들어갔을 때 그 명상 내용이 바로 십이인연이었습니다. 인간의 생로병사生老

病死가 출가의 동기였다면 십이인연은 생사해탈의 동기가 된 것입니다.

십이인연은 태어나기 이전부터 태어나서 일어나는 과정과 살다가 죽고, 죽은 후의 상태를 열두 가지로 분류한 것입니다. 다시 말해서 우리의 삶은 열두 단계로 탄생과 죽음을 반복하고 있다고 할 수 있습니다.

십이인연은 구체적으로 무명無明, 행行, 식識, 명색名色, 육입六入, 촉觸, 수受, 애愛, 취取, 유有, 생生, 노사老死의 열두 가지입니다. 이것을 다시 삼세양중인과三世兩重因果라 하여 과거, 현재, 미래의 상태로 설명할 수 있습니다.

무명과 행의 두 가지는 과거이인過去二因이 됩니다. 그 원인에 의해 식과 명색과 육입과 촉과 수의 다섯 가지가 생겨납니다. 이 다섯 가지를 현재오과現在五果라고 합니다. 즉 전생의 두 가지 원인에 의해 현생의 다섯 가지 결과가 생기는 것입니다.

다음으로 애·취·유의 세 가지는 현재삼인現在三因이 됩니다. 현생의 이 세 가지가 씨앗이 되어 미래의 결과를 낳게 됩니다. 그것은 바로 생과 노사입니다.

십이인연은 마치 둥근 고리처럼 서로 연결되어 서로가 서로에게 연속적으로 반응을 계속하고 있습니다. 이를테면 서로 영향을 주고받는 상호작용을 하는 것입니다. 십이인연은 인간의 생사生死 비밀과 나아가서 우주의 근원적인 순환법칙을 가르치고 있습니다.

그러면 구체적인 십이인연의 내용을 살펴보도록 하겠습니다.

첫째, 무명은 말 그대로 어둠입니다. 이 밝지 않은 무명 때문에 나고 죽는 윤회의 수레바퀴를 되풀이하여 굴리고 있는 것입니다.

무명은 곧 중생의 생존 형태를 나타낸 말이기 때문에 흔히 근본 무명이라고도 말합니다. 또 우리의 번뇌 망상의 근원이 미혹 때문에 일어난다고 해서 무지무명無知無明이라고 말하기도 합니다. 무명은 정신작용의 가장 초기 단계입니다. 곧 제8식에 남아 있는 정신세계입니다. 그래서 무명은 어머니 뱃속에 들어가기 이전의 상태입니다. 깨달음을 얻고 나면 무명의 세계가 깨어진다는 것입니다.

둘째, 행은 어두운 정신세계에서 무엇인가 요동하며 움직이기 시작하는 단계를 말합니다. 다시 말하면 행은 잠재적인 무의식력이며 충동력입니다.

셋째, 식은 무엇인가를 분별하는 인식작용을 말합니다. 새로운 생을 시작해야겠다는 사고를 시작하는 순간입니다. 과거의 행에 의해 인간 존재의 첫걸음을 내밀게 되는 의식작용을 말합니다. 식의 상태는 이미 어머니의 뱃속에 들어간 때로 볼 수 있습니다.

넷째, 명색은 어머니의 뱃속에 들어가서 받는 오온, 즉 몸과 마음을 말합니다. 이 단계에서는 막연하게 정신적인 면과 육체적인 면이 나누어집니다.

다섯째, 육입은 육처六處라고도 하는데, 안·이·비·설·신·의의 육근이 형성되는 시기를 말합니다. 다시 말해서 어머니의 뱃속에서 여러 가지 기관들이 형성되는 것입니다. 이 때부터 외부의 자극이 들어온다고 해서 육입이라고 하는 것입니다. 경전에서는 어머니의 태내胎內에서 제5주 정도가 되면 여러 근육이 완성된다고 말합니다.

여섯째, 촉은 외부 세계와 접촉하는 시기입니다. 일반적으로 촉의 시기에서는 느낌만 있을 뿐이지 느낌을 식별하는 기능은 없다고 말합니다. 촉은 태어나서 느끼는 단순한 인식작용입니다. 이 단계에서는 촉을 통해서 무엇인가를 감지하는 것입니다.

일곱째, 수는 감정을 감수感受하고 인상을 느끼는 능력이 발동되는 시기입니다. 수는 육입에서 한 걸음 더 나아가 분별하여 받아들이는 단계입니다. 예를 들면 싫은 것은 배척하고 좋은 것은 받아들이는 현상을 보이는 것이 수의 단계입니다.

여덟째, 애는 애착심을 느끼는 단계입니다. 애착심은 애착하는 대상을 계속 진행시키려는 성질을 갖고 있습니다. 이성을 느끼는 감정은 바로 애의 단계입니다. 이를테면 사랑하는 것은 계속 이어지기를 바라는 마음이 생기는 것입니다.

아홉째, 취는 쉽게 말해서 사랑하는 감정이 일어나면 그것을 끝까지 취하려는 마음을 말합니다. 즉 자기가 원하는 것이나 좋아하는 것을 취하고 가지려는 행동을 말합니다. 취는 곧 집착을 의미합니다.

또 취는 적성에 맞는 일을 찾는 경우도 이에 해당됩니다. 그밖에 직업을 가지거나 명예, 물질, 사람, 돈 등을 가지려는 마음 또한 취가 됩니다.

열 번째, 유는 앞에서의 애와 취를 바탕으로 형성된 존재입니다. 또는 한번 취한 것은 자기 것으로 하려는 소유욕을 말하기도 하며 애와 취를 바탕으로 하여 거기서 여러 가지 업을 만들어가는 과정도 됩니다.

열한 번째, 생은 태어남입니다. 애와 취가 바탕이 된 존재가 삶을 시작하는 것입니다.

열두 번째, 노사는 살아가다 늙고 죽는 것을 말합니다. 즉 늙고 병들어 죽음에 이르는 실존의 형태를 말합니다.

이와 같은 열두 갈래의 생존 양상은 이중적인 구조를 갖고 있습니다. 무명과 행의 과거 원인 때문에 식과 명색과 육입과 촉과 수의 현재 결과가 나타나는 것입니다. 또 그 다섯 가지 원인 때문에 애와 취와 유의 미래가 생겨나는 것입니다. 애와 취와 유의 미래가 원인이 되어 생과 노사의 결과가 생겨나는 것입니다.

죽음 후에는 육신은 지·수·화·풍의 사대로 변하고 영혼만이 남게 됩니다. 그것이 바로 새로운 생을 시작하기 전 단계가 되는 것입니다. 죽음은 깊은 잠과 형태가 유사합니다. 영혼은 깊은 잠 속에 있다가 다시 움직임을 시작합니다. 제8식에 잠재되어 있는 무명이 본능을 충족시키기 위해 인연 있는 곳을 찾아 움직이는 것입니다.

업식이 있는 동안 우리는 끊임없이 윤회를 되풀이합니다. 때때로 살아있는 동안 어떤 한 곳에 너무 집착하게 되면 영혼만 남게 되는 것이 아니라 곧바로 물질화되는 경우도 있습니다. 그러므로 평소에 애, 취, 유의 업을 잘 지어야 합니다.

생선을 싼 종이는 생선이 없어져도 오랫동안 비린내를 풍기게 되지만 반대로 향을 쌌던 종이는 끝끝내 향기를 풍깁니다. 그와 마찬가지로 자기 자신의 인연을 어떻게 가꾸느냐에 따라 그 사람의 인생은 달라지게 됩니다.

둥근 고리 모양의 순환 관계를 가진 십이인연은 그 어떤 것도 시작이 될 수 있습니다. 반드시 무명이 첫 시작이 되어야 하는 것은 아닙니다. 또 노사가 끝이라고 할 수도 없습니다.

불교에서 근본적으로 나이를 인정하지 않는 이유가 거기에 있습니다. 언제든지 자기가 마음먹는 그 순간이 시작입니다. 시작과 끝이 분명히 있는 것이 아니기 때문에 현재 자기가 행한 업은 미래에 영향을 미치게 되는 것입니다.

우리가 마음먹고 시작하는 그 순간이 곧 출발점입니다. 나이를 탓하여 나태하거나 포기하려는 사람은 불교의 근본을 모르는 사람입니다. 불교를 제대로 아는 사람은 우리의 인생이 일직선으로 시작과 끝이 분명히 있다고 믿지 않습니다.

우리의 인생이 둥근 고리처럼 연결되어 있어서 끝낼 수도 없고, 머물 수도 없다는 사실을 알아야 합니다. 그러한 이치를 안다면 아는 그 순간부터 계속 자기 발전을 위해 정진할 것입니다. 보다 나은 꿈과 희망과 기대와 포부를 갖고 활기차게 살아갈 것입니다. 그것이 곧 불교를 배우는 보람입니다.

십이인연의 이치는 모든 사물의 인연을 대표한다고 할 수 있습니다. 그래서 십이인연의 이치를 관찰함으로써 자기 자신의 본질은 물론 우주의 모든 이치도 한꺼번에 깨달을 수 있습니다.

부처님께서는 보리수 아래에서 이 십이인연을 관하셨습니다. 인간의 모든 본질을 거울 들여다보듯 환히 깨달은 것입니다. 십이인연을 통해 현상과 내면의 세계를 빠짐없이 정리해 나간 것입니다. 자기 자신에 대한 문제 해결은 곧 우주 질서 전체를 하나로 보게 한 것입니다.

『반야심경』에서는 그러한 십이인연도 모두 텅 빈 것으로 보아 무라고 표현한 것입니다. 인간의 존재 방식을 부정하는 것이 아니라 텅 빈 것이기 때문에 그것은 없기도 하며 있기도 한 것입니다. 있다는 것은 인연에 의해 잠깐 나타난 것입니다. 또한 그 것은 영원히 있는 것이 아니기 때문에 없기도 한 것입니다.

『반야심경』에 나오는 **무**의 개념은 있다는 것의 부정이며, 또한 없다는 것의 부정입니다. 그래서 있기도 하며, 없기도 한 것입니다.

계속해서 **역무무명진**에서는 무명이 다한 것까지도 없다고 말하고 있습니다. 십이인연의 하나하나를 관찰해 보니 무명이 다 끝나 무명의 밑바닥이 드러났는데, 그것마저 없다는 것입니다. **역무노사진**에서는 노사가 다한 것까지 없다고 하는 것입니다.

이 말은 결국 십이인연에 매달려 있지 말라는 것입니다. 십이인연이 텅 비어 **무**의 상태가 되는 것까지 깨달아야 확연하게 깨달게 되는 것입니다.

결국 『반야심경』에서는 십이인연마저 **무**로 돌려버리는 차원입니다. 그래서 흔히 『반야심경』은 선사상禪思想과 아주 접목이 잘 된다고 말하기도 합니다.

해결할 수 없는 고통이란 없다

무 고 집 멸 도
無苦集滅道

고와 집과 멸과 도도 없다.

풀 이

지혜의 눈으로 우리 인생을 관찰해 볼 때 삶의 근본이라고 하는 몸과 마음은 텅 비어 아무것도 없는데, 그 몸과 마음을 의지하여 일어나는 온갖 고통은 아예 있을 수 없다. 따라서 그 고의 원인도, 고가 소멸된 경지도 고를 소멸하는 방법도 있을 수 없다.

해 설

여기서는 **고집멸도**의 사성제四聖諦를 부정하는 대목입니다. 사
성제는 불교의 중요한 근본 교리입니다. 부처님께서는 성도 후
맨 처음으로 오랜 세월에 걸쳐 사성제를 설하셨습니다.

첫째 항목인 고제苦諦는 우리의 인생은 괴로움으로 충만해
있다는 견해입니다. 불교는 고에서 출발한다고 해도 과언이 아
닐 만큼 고의 인식은 중요합니다.

고의 대표는 생로병사의 사고四苦입니다. 생로병사는 누구나
겪는 피할 수 없는 고통입니다. 태어나서 늙고 병들어 죽는 과정
은 인간이면 누구나 겪는 일입니다. 그렇기 때문에 생로병사의
사고에 관해서는 체념해 버리는 수가 많습니다.

기본적인 사고四苦에 다시 네 가지 고통을 더하여 팔고八苦라
고 합니다. 그 네 가지는 애별리고愛別離苦, 원증회고怨憎會苦, 구
부득고求不得苦, 오온성고五蘊盛苦입니다.

첫째 애별리고는, 사랑하는 사람이나 사랑하는 것과 헤어짐으
로써 괴로운 것을 말합니다. 여기서 사랑하는 것은 자기가 좋아
하는 것을 모두 포함하는 것입니다.

예를 들어 자신은 대통령이 좋은데 그것을 내놓아야 하는 경
우도 애별리고입니다. 자신이 애착하는 모든 것이 자기 자신과
벌어지는 상황이 되면 고통스럽습니다. 인간은 애착심이 강하므
로 애별리고를 후後 사고 중 첫째에 둔 것입니다.

둘째 원증회고는, 자기가 싫어하는 것과 만나서 괴로운 것을
말합니다. 미운 사람과 함께 있거나 만나게 되면 괴롭습니다. 원

증회고는 사람의 관계뿐 아니라 넓은 의미로 자기가 하기 싫은 일을 하는 것도 여기에 해당됩니다.

예를 들어 자기는 반장이 하기 싫은데 기어이 맡아야 하는 경우도 원증회고입니다.

셋째 구부득고는, 자기가 구하고자 하는데 얻어지지 않는 데서 괴로운 것을 말합니다. 구부득고는 자신이 필요로 하는 일들이 이루어지지 않는 상황은 모두 여기에 해당됩니다.

예를 들어 자녀를 좋은 대학에 보내고 싶은데 뜻대로 안 된다든지, 공부한 것을 잊어버리지 않았으면 좋겠는데 뜻대로 되지 않는 경우도 모두 구부득고입니다.

넷째, 오온성고는 인간의 몸과 마음을 구성하는 오취온五取蘊이 바로 괴로움 그 자체라는 뜻입니다. 영원히 내 뜻대로 젊고 건강하게 자기 자신을 유지하려 해도 부서지는 속성을 지닌 오취온의 '나'이기에 존재 자체가 괴롭다는 것입니다.

이상의 여덟 가지 고통 이외에도 고의 범주는 상당히 넓습니다. 우리 주위에서 일어나는 갖가지 문제는 모두 고의 범주에 들어갑니다. 크게는 국가 문제에서부터 작게는 개인 문제에 이르기까지 그 범위는 대단히 광범위합니다.

사성제의 두번째 항목인 집제集諦는 고의 원인이 되는 것입니다. 다시 말해서 **집** 때문에 **고**가 생기는 것입니다. **집**은 '모인다'는 뜻입니다. 모인다는 것은 곧 관계를 맺는다는 뜻입니다. 세상의 모든 문제는 모여 있기 때문에 발생합니다.

이 세상에 독립되어 있는 것은 아무것도 없습니다. 노사의 문제도 노와 사가 모여 있기 때문에 문제가 생기는 것입니다. 두 손바닥이 만나야 소리가 나듯이, 하나만 있으면 아무런 문제가 생기지 않습니다.

예를 들어 부부 간에도 약속을 지키지 않으면 괴롭습니다. 그 것은 부부가 모여 관계를 맺고 있기 때문입니다. 자기 자신과 관계가 없다면 아무런 괴로움도 발생하지 않을 것입니다.

우리의 육신이 병들어 괴로운 것도 지·수·화·풍의 사대가 결합해 있기 때문입니다. 육신은 하나로 독립되어 있는 것처럼 보이지만 실은 많은 세포가 결합되어 있습니다. 세포가 관계에서 떨어지려고 하는 것이 병으로 나타나는 것입니다.

이처럼 **고**의 원인은 모여서 관계를 맺는 것에서 출발함을 이해해야 합니다. 그러므로 **고**의 원인인 **집**에 대한 명확한 이해는 고를 제거하는 한 방법이 될 수 있습니다.

사성제의 세 번째 항목인 멸제滅諦는 괴로움이 소멸된 것을 말합니다. 모든 인간 행위의 목적은 이고득락離苦得樂에 있다고 말합니다. 즉 고통을 떠나 즐거움을 얻는 일은 불교의 목적이자 모든 종교가 지향하는 목표입니다. 여기서 **멸**은 한순간 작은 문제가 해결된 차원이 아닙니다. 탐·진·치 삼독이 완전히 소멸된 상태를 말합니다.

사성제의 네 번째 항목인 도제道諦는 괴로움을 소멸하는 방법을 말하는 것입니다. 그 구체적인 방법으로 팔정도八正道가 있습니다. 이 여덟 가지를 실천함으로써 괴로움을 제거하게 됩니다.

팔정도는 정견正見, 정사正思, 정어正語, 정업正業, 정명正命, 정정진正精進, 정념正念, 정정正定의 여덟 가지입니다.

첫째, 정견은 바른 소견입니다. 존재의 실상을 바로 꿰뚫어 보는 것을 말합니다. 올바로 보는 것은 문제 해결의 출발점이 되기 때문에 상당히 중요합니다.

둘째, 정사는 바른 생각입니다. 정견이 이루어지면 거기에서 바른 사유를 할 수 있습니다.

셋째, 정어는 바른 언어입니다. 올바른 말은 삼업 중에서 구업口業을 짓는 것과 연관된 중요한 항목입니다.

넷째, 정업은 바른 행위입니다. 여기서 바른 행위는 신·구·의 삼업을 통한 바른 업을 짓는 것입니다.

다섯째, 정명은 바른 생업입니다. 다시 말해서 생명을 유지하는 데 필요한 바른 수단을 말합니다.

여섯째, 정정진은 바른 정진입니다. 바른 정진은 곧 바른 수행을 말합니다. 우리가 기도를 하거나 참선을 하더라도 바르게 행할 때 얻는 소득이 큰 것입니다. 그래서 한 가지를 하더라도 올바른 방법으로 행하는 것이 상당히 중요합니다.

일곱째, 정념은 바른 기억입니다. 앞에서 나온 정사와는 성격이 좀 다릅니다. 여기서 정념은 부처님 말씀을 올바로 기억하여 전하는 것을 말합니다. 진리의 가르침을 바르게 기억하여 전하는 것은 대단히 중요한 일입니다.

여덟째, 정정은 바른 명상입니다, 정정은 올바른 삼매를 말합니다. 앞의 일곱 가지가 실천에 옮겨질 때 이루어지는 최상의 단계입니다.

이상의 팔정도는 이 세상에 널려 있는 많고 많은 고통들을 소멸하는 데 있어서 가장 올바른 길입니다. 팔정도를 실천 수행함으로써 괴로움을 근본적으로 제거할 수 있습니다.

그런데 『반야심경』에서는 사성제를 **무**라고 했습니다. 왜냐하면 사성제의 근본을 따져서 분석해 보면 그 근원이 공이기 때문에 **무고집멸도**인 것입니다. 사성제의 가르침이 아무리 좋은 것이라 하더라도 그 본질은 공이기에 **무**인 것입니다. 여기서도 결국 존재의 실상을 바로 보라는 것을 가르치고 있습니다.

오온개공이므로 고도 없는 것입니다. 자기 자신이 있다고 하는 데서 고가 생기는 것이지 자기 자신이 없다고 하면 고도 없습니다. **오온개공 도일체고액**, 즉 일체의 모든 고통을 모두 건너가 버렸기 때문에 **무고집멸도**입니다.

여기서는 사성제를 있는 것으로만 볼 것이 아니라 한 차원을 달리해서 그것 또한 텅 빈 것으로 보는 것입니다. 결국 사성제에조차 매달리지 말라는 것입니다.

부처님께서는 **고집멸도**의 사성제를 수없이 이야기했습니다. 그러나 『반야심경』에서는 한순간에 **무**라고 표현하고 있습니다. 그것은 곧 차원을 달리한 경지입니다. 이런 경지를 뛰어넘을 때 공부의 진척이 있는 것입니다.

우리가 달을 보더라도 어릴 때 보는 것과 청년 시절에 보는 것과 노년이 되었을 때 보는 것이 다르듯이, 같은 대상이지만 차원을 달리한 견해가 있습니다. 왜냐하면 존재의 실상이 공이기 때문입니다.

사성제의 견해도 서론에서 언급한 유有와 무無와 성性의 입장에서 생각해 볼 수 있습니다. 유의 입장은 그대로 **고집멸도**가 있다는 견해입니다. 그러나 무의 입장은 **무고집멸도**가 됩니다. 또한 성의 차원에서는 고성제苦聖諦, 집성제集聖諦, 멸성제滅聖諦, 도성제道聖諦가 됩니다. 다시 말해서 **고** 그대로가 성스러운 진리라는 견해입니다.

　『반야심경』에서 가르치고 있는 공의 이치는 부정을 넘은 부정을 말하고 있는 것입니다. 부정의 부정은 다시 강한 긍정이 됩니다. 『반야심경』의 핵심은 바로 거기에 있습니다. **무**를 통한 강한 긍정을 읽을 수 있어야 합니다.

꿈을 깨는 순간 사라진다

무 지 역 무 득
無智亦無得

지혜도 없고 또한 얻음도 없다.

풀 이

지혜의 안목으로 인생과 세상을 보았을 때 텅 비어 아무것도 없다고 해서 지혜란 어떤 고정된 실체가 있는 것으로 안다면 큰 잘못이다. 그리고 지혜를 통하여 무엇인가 얻을 것이 있다고 여기는 것도 큰 잘못이다. 그러므로 지혜마저 없고, 얻을 것마저 없는 것이 진실이다.

해 설

『반야심경』은 지혜의 가르침입니다. 앞에서 십이인연도 없고, 사성제도 없다는 이치를 가르치고 여기서는 인식의 주체가 되는 지혜도 없고, 인식되는 실체가 얻어짐도 없다고 선언하고 있습니다.

지금까지 **오온개공**이라 하여 인식의 주체인 자기 자신의 존재가 텅 빈 것으로 보아 왔습니다. 그렇기 때문에 여기서는 깨달음을 성취하는 데 있어서 필요불가결한 지혜인 직관지直觀智마저 부정하는 것입니다.

우리가 잠 속에서 아무리 훌륭한 꿈을 꾼다고 해도 꿈을 깨는 순간 다 사라져 버립니다. 그와 마찬가지로 깨달음을 향하는 최상의 열쇠가 되는 지혜마저도 의식의 잠을 깨는 순간, 즉 깨달음의 문이 열리는 순간에는 모두 사라져 버립니다. 그래서 **무지**인 것입니다.

또한 지혜로써 얻어지는 바가 굉장히 큰 것처럼 생각하는 그것마저 부정해 버리는 것입니다. 그래서 **무득**이라고 한 것입니다.

불교에는 완성이 없습니다. 끝이 없습니다. 완성된 상태에서 얻어지는 것마저 부정하는 순간을 가르치고 있습니다. 참으로 깊이 들어가면 얻는 것마저 없는 순간이 되는 것입니다. 그것이 곧 **무득**입니다.

『반야심경』에서 말하는 마음은 곧 얻을 바가 없는 마음입니다. 다시 말해서 집착되지 않는 마음을 통해서 오히려 무한의 얻어짐이 있음을 잊어서는 안 됩니다.

제4장

반야는 이렇게 나타난다

꿈을 깨면 완전한 자유는 저절로 온다

이무소득고 보리살타 의반야바라밀다고 심무가애
以無所得故 菩提薩埵 依般若波羅蜜多故 心無罣碍

무가애고 무유공포 원리전도몽상 구경열반
無罣碍故 無有恐怖 遠離顚倒夢想 究竟涅槃

얻을 것이 없는 까닭에 보리살타는 반야바라밀다를
의지하여 마음에 가애가 없으며, 가애가 없는 까닭에
공포가 없으며, 전도몽상을 멀리 떠나서
구경에는 열반인 것이다.

풀 이

철저히 텅 비어 아무것도 얻을 것이 없는 이 도리, 이 도리를 써야 한다. 아무것도 얻을 것이 없는 이 도리가 반야다. 그러므로 보살은 반야바라밀다에 의지한 삶을 살기에 마음에 아무런 걸릴 것이 없다. 마음에 아무런 걸릴 것이 없으므로 일체 두려움 또한 있을 수 없다. 걸릴 것 없고 두려움 없는 삶이란 꿈 속을 헤매듯 전도된 삶을 다 떠난 삶이다. 모든 뒤바뀐 상태를 떠나서 바른 삶을 산다는 것은 결국 열반의 삶이요, 보살의 삶이다.

해 설

이 대목에서는 **무소득**으로 인해서 보살이 궁극적으로 열반을 얻는 내용입니다. **무소득**이기 때문에 최상의 경지에 도달하는 것입니다.

무소득은 『반야심경』에서 가장 중심되는 구절입니다. 뜻으로 볼 때 **조견오온개공**이 제일 중요하지만 궁극적인 핵심 구절은 이 **무소득**입니다.

무소득은 곧 앞의 **무득**과 같은 맥락에서 이해할 수 있습니다. 얻을 바가 없다는 것은 공이기 때문에 그런 것입니다. 얻을 바가 없는 깊은 도리 때문에 보살은 깨달음을 성취한 것입니다.

보리살타는 줄여서 보살이라고 부릅니다. 그 뜻은 각유정覺有情이라고 할 수 있는데, 깨달은 중생이라는 말입니다. 보살은 위로는 깨달음을 구하고, 아래로는 중생을 제도한다는 자리이타自利利他를 그 목표로 하고 있습니다. 대승불교에서는 불교 수행을 하는 모든 사람을 보살이라 지칭해도 별 무리가 없을 것입니다.

『반야심경』에서 보살은 올바른 지혜의 완성자로서 사물의 실상을 관조하고 그 바탕 위에 중생을 제도하는 것입니다. 보살은 무소득의 이치를 터득한 사람입니다. 또 보살은 반야바라밀을 체득한 사람입니다.

의반야바라밀다고는 '반야바라밀다에 의지한 까닭에'라는 뜻입니다. 이 구절을 무소득과 연결지어 생각할 때 얻을 바가 없는 것 때문에 지혜의 완성에 다다를 수 있는 것입니다.

반야바라밀다에 의지하면, 첫째 **심무가애**하고, 둘째 **무유공포**하고, 셋째 **원리전도몽상**하고, 넷째 **구경열반**의 값진 열매를 얻게 됩니다.

첫째 열매인 **심무가애**는 '마음에 아무 걸림이 없다'는 말입니다. 결국 지혜의 완성은 모든 장애를 없애는 것입니다. **무소득**이기 때문에 우리의 마음을 덮는 아무런 장애도 없으며, 마음에 아무런 속박도 없어지는 것입니다.

우리는 도처에서 마음이 걸리기 때문에 괴로운 것입니다. 좋은 일은 좋은 감정에 걸리고, 나쁜 일은 나쁜 감정에 걸립니다. 걸리게 되는 것은 나라고 하는 아상我相과 아집我執 때문입니다. 마음의 걸림은 본래 공이기 때문에 없는 것처럼 보이다가도 인연을 만나는 순간 튀어나오고야 마는 것입니다. 지혜의 완성에 의지하면 그 어떤 걸림도 있을 수 없습니다.

마음에 아무런 걸림이 없이 자유자재하게 되면 두번째 열매인 **무유공포**의 경지를 얻게 됩니다. **무유공포**는 '두려움이 없다'는 뜻입니다. 마음에 아무 거리낌이 없으면 그 결과로 두려움이 없게 되는 것입니다. 지혜의 완성에 의해 얻어지는 두번째 열매인 **무유공포**는 일체의 두려움이 걷히고 밝은 세계가 펼쳐지는 것입니다.

인간에게는 수많은 두려움이 있습니다. 죽음에 대한 공포, 내일에 대한 두려움, 남을 믿지 못하는 두려움 등 매순간 두려움에 떨고 있다고 해도 과언이 아닙니다. 두려움이란 내 것만을 지키려는 데서 비롯됩니다.

아무런 얻을 바도 없고 마음이 구속되지 않으면 아무 두려움 없는 삶을 누릴 수 있습니다. 두려움이 없으면 자신감이 넘치는 인생을 전개할 수 있습니다.

지혜의 완성으로 얻어지는 세번째 열매는 **원리전도몽상**입니다. **원리전도몽상**의 뜻은 '뒤집히고 꿈꾸듯 살아가는 것을 멀리 떠난다'라고 풀이할 수 있습니다. 꿈꾸듯 살아가는 우리의 삶을 멀리 떠나보내고 올바른 삶을 살아가게 된다는 말입니다.

전도몽상은 결국 뒤바뀐 상태, 올바르지 못한 견해, 직관력이 흐려지는 현상을 말합니다. 그래서 존재의 본성을 환상적으로 꿈꾸듯 보거나 집착해서 보는 상태가 되어 버리는 것입니다.

우리가 잠들어 있을 동안 경험하는 세계를 꿈이라고 말합니다. 꿈과 관련된 이야기는 수없이 많지만, 여기서 『반야심경』의 내용과 연관지어 두 가지를 소개하겠습니다.

한 가지는 인도에서 전해지는 이야기입니다. 인도에 어떤 왕이 있었습니다. 그는 항상 똑같은 꿈을 꾸었는데, 꿈 속에서는 거지의 삶을 살아가는 것이었습니다. 꿈을 깨고 나면 왕의 모습인데 꿈 속에서는 거지였던 것입니다. 그래서 한 성자에게 어떤 것이 자기의 진짜 모습인지를 물었습니다. 성자가 대답하기를, 꿈 속의 거지도 참모습이 아니고 현재 왕의 모습도 참모습이 아니라는 것입니다. 진정한 참모습은 그 두 가지를 있게 하는 본체라고 말했습니다. 그 말을 듣고 왕은 크게 깨달은 바가 있어서 그 성자의 제자가 되었다고 합니다.

또 한 가지는 중국에서 있었던 이야기입니다. 중국에 휜제라는 임금이 있었습니다. 하루는 꿈 해몽을 잘 하는 사람이 있다는 소문을 들었습니다. 임금은 그가 얼마나 꿈풀이를 잘 하는지 시험해 보려고 한 가지 꿈을 지어냈습니다.

임금은 해몽가를 불러 처마의 기왓장 하나가 난조鸞鳥라는 새가 되어 날아가는 꿈을 지어내어 그것을 풀이하라고 말했습니다. 그 말을 듣고 해몽가는 후궁들이 문제를 일으켜 잘못 하다가는 생명이 오고 가는 수가 생길 것이라고 했습니다.

임금은 그것은 자기가 정말로 꾼 꿈이 아니라 지어낸 이야기이므로 그 말을 믿지 않았습니다. 그런데 그 때 갑자기 후궁들이 서로 싸우다 물건을 잘못 던져 한 명이 즉사했다는 보고가 들어왔습니다.

임금은 너무나 이상해서 해몽가에게 그 꿈은 자기가 지어낸 것인데 어떻게 그런 일이 일어날 수 있느냐고 반문했습니다. 해몽가는 꿈이란 바로 '몽시신유夢是神遊'라고 대답했습니다. 즉 꿈이라고 하는 것은 몸은 잠자고 있는데 정신이 노는 것이란 말입니다.

잠잘 때만 꾸는 것이 꿈이 아니라 한 생각을 일으켜서 이것저
것 망상을 지어내는 것이 바로 꿈이라는 말입니다. 그래서 현실
이 곧 꿈인 것입니다. 일국의 왕으로서 생각을 함부로 할 때 그
결과는 엄청난 것입니다.

우리의 삶이 망상으로 뒤덮여 살아가는 상황이 바로 신유입
니다. 또한 꿈 속의 자신도 참모습이 아니며, 꿈에서 깼을 때의
모습도 자신의 참 모습이 아닙니다. 온갖 종류의 다른 모습을 자
아내는 그런 주체가 곧 불성佛性이며, 진아眞我이며, 참 주인공인
것입니다.

『반야심경』에서는 뒤바뀐 생각을 멀리 떠난 것이 자기의 참모
습이라고 가르치고 있습니다. 존재의 실상을 뒤바뀐 모습으로
보지 말고 깨달음의 눈, 지혜의 견해를 갖고 보라는 것입니다.
그렇게 할 때 마침내 마지막 네번째의 열매인 **구경열반**을 얻게
되는 것입니다. **구경열반**은 보살이 지혜의 완성으로서 얻게 되
는 종착점입니다. 다시 말해서 최상의 경지인 것입니다.

구경열반에서 **열반**은 범어로 니르바나nirvana라고 하는데, 그
원래의 뜻은 '입으로 불어서 끈다'라는 의미가 있습니다. 그래서
이것을 '적멸寂滅, 지멸止滅, 적정寂靜' 등으로 표현하는데, 인간의
고통의 원인이 되는 온갖 탐·진·치 삼독과 번뇌 망상을 불을
끄듯이 완전히 소멸한 상태를 뜻합니다.

열반은 우리의 의식을 가리고 있던 일체의 번뇌나 망상이 완
전히 걷혀서 고요하고 안온함이 저절로 우러나오는 상태입니다.

다시 말해서 몸과 마음이 완전히 자유의 상태를 누리는 경지입니다. **구경열반**은 곧 지혜가 완성된 자리입니다. 『반야심경』이 추구한 궁극적 낙樂의 상태가 곧 **구경열반**입니다.

지혜의 완성으로서 보살이 얻게 되는 경지를 밝힌 이 대목을 다시 한번 정리해 보도록 하겠습니다.

보살은 지혜의 완성으로 마음에 걸림이 없고, 마음에 아무 걸림이 없기 때문에 두려움이 없고, 두려움이 없기 때문에 뒤바뀐 삶을 떠나 마침내 열반을 얻는다는 것입니다.

우리는 꿈 속에서 도둑이 쫓아온다고 이리 도망치고 저리 쫓기면서 식은땀을 흘립니다. 그러나 눈을 뜨고 보면 따뜻한 이불 속에 누워 있는 자기 자신을 발견하게 됩니다. 꿈 속의 상황과 꿈을 깬 상황을 바로 아는 것이 지혜입니다.

꿈을 깨고 나면 아무런 두려움도, 쫓김도, 걸림도 없어지는 것입니다. 상처투성이의 뒤바뀐 꿈 속에서 깨어나면 우리의 몸과 마음은 아무런 장애도 받지 않아 편안해집니다. 꿈을 깨고 지혜의 눈을 뜨는 일만이 존재의 실상을 바로 볼 수 있는 것입니다.

지혜의 완성으로
깨달음의 절정에 이른다

삼 세 제 불 의 반 야 바 라 밀 다 고 득 아 뇩 다 라 삼 먁 삼 보 리

三世諸佛 依般若波羅蜜多故 得阿耨多羅三藐三菩提

삼세제불은 반야바라밀다를 의지한 까닭에
아뇩다라삼먁삼보리를 얻는다.

풀 이

   텅 비어 아무것도 얻을 것이 없는 도리, 그 반야바라밀다를 통
하여 과거, 현재, 미래의 모든 부처님은 무상정각을 성취한 것
이다. 모든 보살도, 부처도 반야를 인생의 진실로 삼는다.

해 설

앞에서는 '보살'이 지혜의 완성으로서 열반에 드는 것을 설하였습니다. 여기서는 **삼세제불**이 지혜의 완성으로서 정각正覺을 이루는 것을 말하고 있습니다.

삼세제불은 보살보다 차원이 높은 분으로, 과거·현재·미래를 통틀어서 깨달음을 이루신 분입니다. 그래서 **삼세제불**은 인간으로서 이룰 수 있는 궁극의 경지를 온전히 성취하신 진리의 화현化現이라고 할 수 있습니다. **삼세제불**은 지혜의 완성으로서 **아뇩다라삼먁삼보리**를 얻게 되는 것입니다.

아뇩다라삼먁삼보리는 범어를 그대로 음역한 말로서 '무상정등정각無上正等正覺'이라고 번역할 수 있습니다. 그것을 줄여서 '무상정각', 그냥 '정각'이라고 말하기도 합니다.

아뇩다라삼먁삼보리는 깨달음의 절정을 나타낸 말로서 더없이 높고 충만한 깨달음을 뜻합니다. 다시 말해서 깨달음의 완전무결한 상태를 이르는 것입니다. 한순간의 깨달음이 아니라 영속적인 위없는 깨달음을 무상정각이라고 말합니다.

결국 지혜의 완성에 의지했기 때문에 모든 부처님도 깨달음을 이루신 것입니다. 지혜의 완성으로 말미암아 보살도 생기고, 부처도 생겨나는 것입니다. 또한 보살의 법과 삼세제불의 가르침도 지혜의 완성에서 나온 것입니다. 이처럼 지혜의 완성은 모든 것을 포함하기도 하고, 모든 것을 발산시키기도 하는 것입니다. 그래서 지혜의 완성은 심오하며 공덕이 수승하고 가장 훌륭한 가르침입니다. 왜냐하면 그것은 존재의 법칙을 꿰뚫어 보는 안목을 지니고 있기 때문입니다.

제 5 장

결론

지혜는 신비로운 양약

고지 반야바라밀다 시대신주 시대명주
故知 般若波羅蜜多 是大神呪 是大明呪

시무상주 시무등등주
是無上呪 是無等等呪

그러므로 알아야 한다. 반야바라밀다는
위대하고 신비로운 주문이며, 크게 밝은 주문이며,
가장 높은 주문이며, 견줄 데 없는 주문이다.

풀이

텅 비어 아무것도 얻을 것이 없는 이 반야의 도리는 온갖 신통

묘용을 지닌 주문임을 알아야 한다. 온 우주를 다 비추는 대광명의 주문임을 알아야 한다. 더 이상 가는 것이 없는 가장 높은 주문임을 알아야 한다. 무엇과도 견줄 수 없는 최상 최고의 주문임을 알아야 한다. 그러므로 텅 비어 아무것도 얻을 것이 없는 이 반야의 도리는 성취하지 못할 일이 없으며, 해결하지 못할 문제가 없는 줄 알아야 한다.

해 설

앞에서 지혜의 완성으로 얻어지는 열반과 정각의 경지에 대해 설명했습니다. 이 부분에서는 지혜의 완성 그 자체를 하나의 주문으로 보아 버리는 것입니다.

그 주문은 **대신주**요, **대명주**요, **무상주**요, **무등등주**입니다. 다시 말해서 크게 신비롭고, 크게 밝고, 최상이며, 비교될 것이 아무것도 없는 주문이란 뜻입니다.

다시 **대신주**는 위대한 주문이며, **대명주**는 심원한 지혜의 주문이며, **무상주**는 최고의 주문이며, **무등등주**는 어디에도 견줄 바 없는 높고 심화된 주문이란 뜻으로 이해할 수 있습니다. 다시 말해서 지혜의 완성은 일반적인 언어로서는 표현할 수 없기 때문에 주문으로 나타내고 있는 것입니다.

주呪란 범어로 만트라mantra라고 하는데 다라니dharani라는 말과 함께 사용하고 있습니다. 그 뜻은 '주문呪文, 혹은 진언眞言'이라고 할 수 있습니다.

주문 속에는 아주 많은 내용이 종자로서 함축되어 있기 때문에 그 뜻을 번역하지 않는 경우가 많습니다. 다시 말해서 주문 속에는 수많은 뜻이 갈무리되어 있다고 할 수 있습니다.

『반야심경』의 내용은 너무 깊고 오묘해서 그것은 하나의 주문으로밖에 표현할 수 없는 것입니다. 그 주문은 지혜의 광명으로 무지無知를 깨뜨리는 지고至高한 것입니다.

『반야심경』 속에는 그 무엇이든 해결할 수 있는 열쇠가 들어 있습니다. 누구나 그 열쇠를 갖기만 하면 모든 괴로움의 상황이 저절로 풀리는 것입니다. 다시 말해서 지혜의 완성은 중생의 백 팔 번뇌를 말끔히 치료해 주는 신비로운 양약良藥인 것입니다. 그래서 그것은 주문입니다.

진실하여 헛되지 않다

능 제 일 체 고　진 실 불 허

能除一切苦　眞實不虛

능히 일체의 고뇌를 제거하며 진실하여 헛되지 않다.

풀 이

텅 비어 아무것도 얻을 것이 없는 이 반야의 도리는 위대한 주
문인 까닭에 일체의 고통과 불행과 문제들을 다 소멸시킨다. 그
리고 이 도리는 참으로 진실하여 허망하지 않다. 본래로 텅 비었
기에 허망할 까닭이 없으며 진실할 수밖에 없다.

해 설

이 대목은 앞의 **조견오온개공**에서 **도일체고액**하는 내용을 다시 한번 강조하는 부분입니다. 즉『반야심경』의 총결總結 부분입니다.

지혜의 완성은 능히 일체의 괴로움을 제거하고 진실해서 헛되지 않은 것입니다. 그 어떤 문제라도 지혜의 완성으로 해결되지 않는 것은 없습니다. 그래서 능히 일체의 괴로움을 벗어날 수가 있는 것입니다.

지혜의 완성을 **진실불허**의 대목에서는 믿음의 차원으로 끌어올리고 있습니다. 진실하여 헛되지 않는 경지는 믿음의 말씀으로 받아들여야 할 것입니다. 믿음 속에는 실천을 내포하고 있습니다. 지혜의 완성은 방편의 도리가 아니라 공의 도리를 밝힌 것이기 때문에 진실하여 헛된 것이 아닙니다.

맨 앞에서 관자재보살이 일체의 고통을 건넌 경지를 설했습니다. 이제 마지막 구절로 능히 일체의 고통을 제거하는 경지에 도달케 함으로써 지혜의 완성을 마무리 짓고 있는 것입니다.

너는 어디로 가고 있는가

고설 반야바라밀다주 즉설주왈
故說 般若波羅蜜多呪 即說呪曰

「아제아제 바라아제 바라승아제 모지사바하」(3번)
「揭諦揭諦 婆羅揭諦 婆羅僧揭諦 菩提娑婆訶」

고로 반야바라밀다의 주문을 설하노니

곧 주를 설해 말하되,

「아제아제 바라아제 바라승아제 모지사바하」

풀이

팅 비어 아무것도 얻을 것이 없는 반야의 도리를 주문으로 말하리라.

건너갔네, 건너갔네. 저 언덕에 건너갔네. 저 언덕에 모두 다 건너갔네. 깨달음을 성취했네.

성취했네, 성취했네. 모든 소망 성취했네. 만 중생들의 모든 소망 다 성취했네.

행복하여라, 행복하여라. 우리 모두 행복하여라. 이 세상 우리 모두 다 함께 행복하여라.

해 설

여기서 설해진 주문은 『반야심경』의 결론입니다. 그것은 곧 팔만대장경의 결론이며, 불교 전체의 결론입니다. 『반야심경』 전체의 내용을 이 한 구절의 주문으로 압축하고 있습니다. 그렇기 때문에 옛부터 주문은 번역하지 않는 것을 원칙으로 했습니다.

아제아제 바라아제 바라승아제 모지사바하는 음역한 것으로서, 범어로는 가테가테 파라가테 파라상가테 보디 스바하Gate Gate pāragate pārasamgate Bodhi Svāha입니다.

가테, 즉 **아제**는 '가다'의 뜻인데, 호격으로 '가는 이여' 혹은 청유형으로 '가자, 가세'라고 번역할 수 있습니다.

파라가테, 즉 **바라아제**는 '피안으로 가다'는 뜻입니다. **바라아제**는 '저 언덕으로 가는 이여' 혹은 '저 높은 곳으로 가자'라고 의역할 수도 있습니다. 이것은 **도일체고액** 혹은 **능제일체고**한 상태입니다.

승은 '집단 모두' 혹은 '총總'의 뜻이 있습니다. **모지**는 '보리',

즉 '각覺'이란 뜻입니다. **사바하**는 '원만, 성취, 구경' 등의 뜻이 있는데, 앞의 내용이 원만히 이루어지도록 기원하는 의미가 담겨 있습니다.

그래서 주문의 뜻을 다시 한번 음미해 보면, '가는 이여, 가는 이여, 저 언덕으로 가는 이여, 저 언덕으로 온전히 가는 이여, 깨달음이여, 영원하여라'라고 풀이할 수 있습니다. 이것을 다시 '가세, 가세, 저 언덕에 가세, 우리 함께 저 언덕에 가세, 깨달음이여, 행복이 있어지이다'라고 할 수도 있습니다.

하나의 주문으로 『반야심경』의 마지막을 마무리짓고 있습니다. 이 주문 속의 '가는 이여'라는 말 속에는 '당신은 어디를 향해 가고 있는가'를 묻고 있습니다.

인간은 누구나 어딘가를 향해 끊임없이 가고 있습니다. 그러나 사람은 누구나 가는 방향이 전부 다릅니다. 불행을 향해 가는 사람도 있고, 행복을 향해 가는 사람도 있습니다. 또 행복을 향해 간다고 하는 것이 불행을 향해 갈 수도 있고, 올라간다고 하는 것이 내려갈 수도 있습니다.

자기 자신은 매순간 어디를 향해 가고 있는지 점검해 보아야 합니다. 불교는 마음을 닦는 공부라고 말합니다. 마음을 닦기 위해서는 자신이 과연 어느 방향을 향해 가고 있는지 항상 되새겨 보아야 합니다.

어릴 때는 청년을 향해, 청년은 중년을 향해, 중년은 노년을 향해 쉼없이 가는 인생이지만, 그냥 가게 내버려 두어서는 안 됩니다. 육신은 죽음을 향해 가고 있지만 마음은 지혜의 완성을 향해 나아가야 합니다.

누구나 피안을 향해 가려고 노력해야 합니다. 진정한 행복과 평화를 향해 가야 합니다. 지혜의 완성은 우리에게 행복과 평화와 자유를 가져다 주기 때문입니다.

옆길을 돌아보지 말고 온전히 피안을 향해서 앞으로 가야 합니다. 외형상으로는 죽음을 향해 가고 있는 것처럼 보이지만 그것이 진정한 자기의 본래 모습은 아닙니다. 자기 자신을 영원히 살리려면 지혜의 완성을 향해 나아가야 합니다.

신라시대에 양지良志 스님이 계셨습니다. 그분이 지은 향가鄕歌에는 이런 구절이 있습니다.

오다. 오다. 오다.
오다 서럽더라.
서럽더라 우리네여
공덕 닦으러 오다.

그 내용은 『반야심경』의 주문과 일맥상통합니다. 『반야심경』에서는 '가다'라고 했지만, 여기서는 '오다'라고 표현했습니다.

맨 첫 구절에서 세 번 '오다'라고 한 것은 과거, 현재, 미래의 삼세를 통해 우리는 무한히 왔고, 오고 있고, 또 올 것이라는 의미가 내포되어 있습니다.

다음 구절의 '오다 서럽더라'는 와서 보니 우리의 인생은 괴로움의 연속이라는 말입니다. 그래서 그것을 '서럽더라'는 말로 표현했습니다.

'서럽더라 우리네여'라는 부분에서는 어떤 상황을 막론하고 누구든지 고해苦海 속에 젖는다는 것입니다. 다시 말해서 괴로움의 바다를 피해갈 사람은 아무도 없다는 것입니다.

그렇다고 그대로 주저앉아 있을 수는 없는 것입니다. 고해로 인해 서러운 인생이지만 '공덕 닦으러 오다'는 구절에서 삶의 목적을 분명히 제시하고 있는 것입니다. 『반야심경』에서 피안을 향해 가는 것처럼 공덕을 닦기 위해서 삶을 살아가야 한다는 것을 마지막 구절에서는 잘 나타내 주고 있습니다.

『반야심경』의 주문과 양지 스님의 노래를 같은 맥락에서 이해하자면 결국 생활 속에서 지혜를 완성할 때, 그것이 진정 살아있는 반야가 된다는 것입니다.

이상으로 『반야심경』의 강설講說을 모두 마칩니다. 『반야심경』의 공 도리를 체득함으로써 그 오묘한 이치가 생활 속의 지혜로 완성되길 기원하며, 맨 마지막의 주문인 '너는 어디로 가고 있는가'라는 끝없는 질문을 화두話頭로 남깁니다.

모두 성불하십시오.

부 록

마 하 반 야 바 라 밀 다 심 경
摩訶般若波羅蜜多心經

관 자 재 보 살　행 심 반 야 바 라 밀 다 시　조 견 오 온 개 공
觀自在菩薩　行深般若波羅蜜多時　照見五蘊皆空

도 일 체 고 액　사 리 자　색 불 이 공　공 불 이 색　색 즉 시
度一切苦厄　舍利子　色不異空　空不異色　色卽是

공　공 즉 시 색　수 상 행 식　역 부 여 시　사 리 자　시 제 법
空　空卽是色　受想行識　亦復如是　舍利子　是諸法

공 상　불 생 불 멸　불 구 부 정　부 증 불 감　시 고　공 중 무
空相　不生不滅　不垢不淨　不增不減　是故　空中無

색　무 수 상 행 식　무 안 이 비 설 신 의　무 색 성 향 미 촉
色　無受想行識　無眼耳鼻舌身意　無色聲香味觸

법　무 안 계　내 지　무 의 식 계　무 무 명　역 무 무 명 진
法　無眼界　乃至　無意識界　無無明　亦無無明盡

내 지　무 노 사　역 무 노 사 진　무 고 집 멸 도　무 지 역 무
乃至　無老死　亦無老死盡　無苦集滅道　無智亦無

득　이 무 소 득 고　보 리 살 타　의 반 야 바 라 밀 다　고 심
得　以無所得故　菩提薩埵　依般若波羅蜜多　故心

무 가 애　무 가 애 고　무 유 공 포　원 리 전 도 몽 상　구 경
無罣碍　無罣碍故　無有恐怖　遠離顛倒夢想　究竟

열반　삼세제불　의반야바라밀다　고득아뇩다라
涅槃　三世諸佛　依般若波羅蜜多　故得阿耨多羅

삼먁삼보리　고지　반야바라밀다　시대신주　시대
三藐三菩提　故知　般若波羅蜜多　是大神呪　是大

명주　시무상주　시무등등주　능제일체고　진실불
明呪　是無上呪　是無等等呪　能除一切苦　眞實不

허　고설반야바라밀다주　즉설주왈
虛　故說般若波羅蜜多呪　卽說呪曰

아제아제　바라아제　바라승아제　모지　사바하 (3번)
揭諦揭諦　婆羅揭諦　婆羅僧揭諦　菩提　娑婆訶

무비 스님의 반야심경

초판 1쇄 펴냄 2005년 9월 15일
2판 1쇄 펴냄 2013년 9월 10일
2판 9쇄 펴냄 2024년 11월 27일

강   설 | 무비 스님
발 행 인 | 원명

대   표 | 남배현
펴 낸 곳 | (주)조계종출판사
출판등록 | 제2007-000078호(2007.04.27.)
주   소 | 서울시 종로구 삼봉로 81 두산위브파빌리온 1308호
전   화 | 02-720-6107
팩   스 | 02-733-6708
구입문의 | 불교전문서점 향전(www.jbbook.co.kr) 02-2031-2070~1

ⓒ 무비 스님, 2005

ISBN 979-11-5580-001-0 03220